田巧玲 / 林志超 / 冯卫芳 编著

了不起的一年级新生

小学入学课程微创意

大夏书系·精品校本课程

华东师范大学出版社
ECNUP
全国百佳图书出版单位
·上海·

图书在版编目（CIP）数据

了不起的一年级新生：小学入学课程微创意/田巧玲，林志超，冯卫芳编著.—上海：华东师范大学出版社，2022

ISBN 978 - 7 - 5760 - 3059 - 4

Ⅰ.①了... Ⅱ.①田... ②林... ③冯... Ⅲ.①小学生—入学教育 Ⅳ.① G625.5

中国版本图书馆 CIP 数据核字（2022）第 125434 号

大夏书系·精品校本课程

了不起的一年级新生：小学入学课程微创意

编　　著	田巧玲　林志超　冯卫芳
责任编辑	卢风保
责任校对	杨　坤
封面设计	奇文云海·设计顾问

出版发行　华东师范大学出版社
社　　址　上海市中山北路 3663 号　邮编　200062
网　　址　www.ecnupress.com.cn
电　　话　021 - 60821666　行政传真　021 - 62572105
客服电话　021 - 62865537
邮购电话　021 - 62869887　地址　上海市中山北路 3663 号华东师范大学校内先锋路口
网　　店　http://hdsdcbs.tmall.com

印 刷 者　北京密兴印刷有限公司
开　　本　700×1000　16 开
插　　页　1
印　　张　16.5
字　　数　253 千字
版　　次　2022 年 9 月第一版
印　　次　2022 年 9 月第一次
印　　数　6 100
书　　号　ISBN 978 - 7 - 5760 - 3059 - 4
定　　价　62.00 元

出 版 人　王　焰

（如发现本版图书有印订质量问题，请寄回本社市场部调换或电话 021-62865537 联系）

行稳致远

卅载春秋强基业，翠苑桃李竞芳华。正值浙江省教育厅教研室附属小学（以下简称省教研室附小）建校 30 年之际，《了不起的一年级新生：小学入学课程微创意》完稿付梓，可圈可点，可喜可贺。

省教研室附小是一所与新课改共成长的新优质学校。2002 年，我国第八次基础教育课程改革启动，笔者从金华市婺城区教育局来到省教研室，从事小学语文教研，兼任小学部负责人，十多年后从事教研管理分管小学教研。2003 年，以课程标准实验教材启用为标志的浙江义教课改全面推进，笔者亲历"杭州市西湖区翠苑三小"更名为"浙江省教育厅教研室附属小学"的全过程。近 20 年来，在无数次走进省教研室附小会商协作、专题调研、活动参与中见证着它的不断发展。

省教研室附小是全省深化义教课改的排头兵。2015 年浙江省在全国率先主动而为，开启全省域深化义教课改。省教研室从先期调研策划、制定改革框架开始全程主导，以十大项目研究为抓手推进义教课改，省教研室附小作为课改基地全程跟进，先后参与课程整合实施、德育课程有效实施、小班化教育、幼小衔接等专项课题研究。在浙江深化义教课改的进程中，田巧玲校长带领附小教师团队不忘初心，锐意进取，努力做到三个坚持：（1）坚持立校与树人相统一，明晰"让每一位学生获得成功"的办学理念，秉承"学会承担"的校训，立足"培养有责任感的阳光少年"这一育人目标。在义教课改浪潮中，学校将小班化教育理念融入学校发展改革全过程，围绕"百分百"育人策略，相继开展"校园环境百分百育人""班级管理百分百育人""校园活动百分百育人""课程实施百分百育人""教育评价百分百育人"等一系列教育改革实践，有效地促进了学校办学质量的提高，家长满意度、社会美誉度的提升，学生全面而有个性地发展。（2）坚持工作与研究相结合。作为省教研室附小，学校充分发挥教研基地的先机优势，坚持从问题出发，在教育教学的实践过程中寻求研究方向，近十年先后开展"基于小班课堂的个性化教学系统构建与实践""小班学校'YOYO主题课程'整合路径的探索实践""0—3年新教师专业素养提升路径研究""润·成长理念下的学校德育活动整合实施"等省级课题项目研究。聚焦学校管理、师资培养、教育教学等关键问题，务实开展研究，助推班主任、学科教师的专业成长，有的项目在全省起到了示范引领作用。（3）坚持课程与教学相融合。2015年起，学校参与省深化义教课改十大项目之"课程整合实施"研究，以校本传统特色项目——写字教学为突破口，开启了项目迭代发展之路。"墨香书韵"校本课程应时而生，立足于传承中国文化、培养学生的综合素养，以实践探究为主要学习方式，将学生德育活动、综合实践、艺术审美、研究性学习等有机整合实施，在玩乐中实现"墨趣润童年"的教育效果。在教学管理上，学校坚持行政班子听课调研、省教研员专题调研与随堂听课，通过教师研修变革和学科教研变革，全面促进了全校各科课程与教学的发展。近年来，继"墨香书韵"之后，学校又力推"一年级入学课程"，将课程、教育、教学有机融合，追寻小学教育的本真。

　　本书凝聚了省教研室附小团队的三个坚持，是课程改革与学校发展互促共进的实践成果之一。"入学课程"设计一周的集中学习内容，一天围绕一个主题，即校园初体验、校园学习会、校园大探索、校园一天创、校园我爱你等五大主题，并根据每天的课程主题分别设计六个学习活动方案。本书共精选了30个学习活动方案供广大一年级教师选用。

　　本书从问题出发，切实缓解一年级新生的入学焦虑和家长的教育焦虑，为学生后续开展一年级各项学习任务打下了重要基础。入学课程立足于"人"的成长，贯彻落实立德树人要求，遵循教育规律和儿童成长规律，以教师组团式研究为基础，围绕活动主题跨学科综合设计方案，强调小学一年级游戏化的学习方式，其背后是教师协同式教学策略的强力支撑，具有校本研究的独创性。虽然谈不上理论创新与突破，但从实践层面上看，本书立意高远，打点精准，落地细实，极具教育实践价值，值得同行借鉴。

滕春友，壬寅年立春子夜，于杭州午潮山居

（浙江省教育厅教研室副主任、特级教师、正高级教师）

目录

Chapter 1

第一章

校园初体验

第一节　走进校园，认识老师

活动背景

　　美好的人生从美好的教育开始，美好的教育从"行为优"开始。一年级是小学生正式踏上求学征程的第一站，是孩子们开启梦想之旅的新起点。面对新校园、新老师、新同学，他们既满怀向往与期待，又会滋生一丝紧张感与焦虑感。"开学第一天"会产生非常重要的"首次效应"，如何让一年级新生以最快的速度融入新的校园环境，适应新的校园生活，消除他们对陌生环境的畏惧与恐慌心理，从而顺利迈出第一步？我们尝试用热烈的氛围来渲染，以活泼的形式来迎接，邀亲切的师长来相伴，在校园初体验时用爱和智慧触摸童心，消除新生的入学恐惧心理，帮助他们快速融入小学生活。

活动目标

　　（1）通过走红毯、越礼门，和亲人携手搭乘"校园梦想号"列车，粘贴梦想卡，与校园吉祥物拍照留念等仪式，让学生感受校园的热情氛围。

　　（2）借助个人小名片引导学生寻找自己的座位，让学生通过唱歌游戏渐渐熟悉同学，消除彼此的陌生感和对家长的依恋感，快速融入班级。

　　（3）通过观看校园宣传视频及参观校园，让学生对学校布局、学校设施有初步了解，对校园文化有初步感知。

活动准备

学生准备：在父母的指导下，填写好"梦想车票"上的"新学期梦想"。

学校准备：印有"四叶风车"校标的校园通行卡，"梦想号"列车，吉祥物人偶，学校介绍视频，音乐《大梦想家》《上学歌》《你的名字叫什么》等。

活动过程

第一板块：走进校园，梦想起航

（学校大门口播放《大梦想家》。）

1. 走红毯，越礼门

校园吉祥物 YOYO 人偶：亲爱的小朋友，附小欢迎你！

小朋友领取印有学校"四叶风车"校标的校园通行卡，和着轻快的音乐，迈着愉悦的步伐，与父母一起走上红毯，穿越写有学校核心价值观"自律""好学""友善""担当"的礼仪门正式进入校园。

2. 识校标，学优品

"自律"门礼仪员：小朋友，刚刚我们跨越了一道礼仪门，你们还记得门上的名称吗？

生："自律"门。

"自律"门礼仪员：哇，真厉害！你们的识字量真大，那你们知道"自律"是什么意思吗？

生：自己管好自己。

"自律"门礼仪员：是的。这是我们学校校标"四叶风车"中的飞鸟，代表我们是自由快乐之人，必是敬畏法度之人，而敬畏法度之人，多是严于律己之人。让我们管好自己，成为自己的小主人，像小鸟一样自由快乐飞翔。欢迎进入下一道门！

"好学"门礼仪员：欢迎小朋友来到"好学"门，"好学"在我们校标"四叶风车"中代表爱学习的小孩。你们知道"好学"的意义吗？

生：自己学习长本领。

"好学"门礼仪员：真棒！"好学"是一种能力，一个会学习的人今后在任何领域都能变得很强大。让学习相伴我们一生吧，请小朋友走进下一道门！

"友善"门礼仪员：欢迎小朋友来到"友善"门！你知道"友善"是"四叶风车"中哪一个标志吗？

生：绿叶。

"友善"门礼仪员：是的，你瞧，我的胸前就是"绿叶"。同学之间相互信任，和睦相处，友善对待，是多么美好的画面啊！在我们的成长道路上，师长、朋友的陪伴就如同春雨一样滋润着我们的心田。怀着一颗感恩的心，在雨露的滋润下，绿叶会越来越茂盛。请小朋友走进下一道门！

"担当"门礼仪员：欢迎小朋友进入，这里是？

生："担当"门。

"担当"门礼仪员：你瞧，我们的校标是一个会转动的"四叶风车"，"担当"就是其中的一抹阳光。它告诉我们人生需要经过磨砺，学会承担，才有阳光。从小做起，从小事做起，做有责任感的附小学子。和我一起宣誓：让我们共同努力，成为一名"自律、好学、友善、担当"的附小学子。

生：让我们共同努力，成为一名"自律、好学、友善、担当"的附小学子。

3.齐合影，铭此刻

校园礼仪员：小朋友，请出示你的附小"梦想号"车票！欢迎乘坐"梦想号"，请把你写有"梦想"的车票粘贴在列车上，登上我们的"梦想号"列车吧！

生：谢谢！

（学生与家长在"梦想号"列车前合影留念，牵手一个小伙伴参观"梦想车厢"，共同聆听老师和礼仪员一起讲述的有关梦想的故事。）

校园礼仪员：小朋友，请拿好校园通行卡，跟我一起进入我们的班级哦！

【设计意图】开学第一天，孩子在父母的陪同下共同踏入新征程，可以消除孩子内心的焦虑感。孩子与父母在参观的过程中了解校园文化，粘贴"梦想车票"，登上"梦想号"列车，感受融入校园的乐趣，感悟梦想的力量。最后与爸爸妈妈欢乐留影，印记下孩子的入学一刻，印刻下孩子在校园的第一抹微笑。

第二板块：寻找座位，初识老师

1. 玩游戏，找座位

师：小朋友们，欢迎你们来到一年级 × 班，你们的座位在哪里呢？

生：不知道。

师：那咱们就来做一个小游戏吧！你们愿意参与吗？

生：愿意。

师：老师在每一张课桌上都放有一张写有你们姓名的小名片，请你们仔细寻找，看看你们的座位在哪里。

生：好的。

（小朋友们先离开原先的座位，在自己的努力和老师的引导下成功找到写有自己姓名的座位并坐下来。）

师：哇，你们可真能干，一下子就找到了自己的座位。

【设计意图】对于刚进入新环境的孩子来说，周围的一切都是陌生的，他们的内心是非常需要安全感的。"找座位"这一个简单的小游戏不仅能让孩子感受到发现的欢乐，也能让孩子们初步体验到成功的喜悦，奠定了自我探索、自我发现的学习基础。

2. 趣介绍，识老师

（学生在相应座位上坐定后，教师进行简单的自我介绍。）

师：小朋友们好，今天是大家成为小学生的第一天，你们的心情怎么样呢？

生：非常开心。

师：嗯！老师们也特别开心！那你们知道我是谁吗？

生：不知道。

师：哈哈，那老师就来好好介绍一下。我姓 ×，你们可以叫我 × 老师。

生：×老师好！

师：你们可真懂礼貌。那大家知道我任教什么学科吗？

生：我猜是语文。

生：我觉得是数学。

生：我感觉你像是教音乐的。

师：你们知道的学科可真多！老师给个小提示。

（呈现一张印有拼音的图片。）

师：请你根据图片猜一猜，我是教什么学科的？

生：哈哈，我猜你是语文老师。

师：说说你是怎么知道的。

生：因为我看到了拼音 a、o、e。

师：你可真会观察，恭喜你答对了。这位是我们班的另一位老师，请她来介绍自己，大家掌声欢迎！

师：小朋友们好，先来猜一猜我姓什么。

生：李。

生：张。

生：王。

师：是不是挺难猜的呀？告诉你们一个小秘密你们就知道了，我的姓跟一种动物名字的发音是一样的，能猜到姓什么吗？

生：熊。

生：猪。

生：鱼。

生：牛、羊、马。

师：哈哈，我已经听到正确答案了。没错，我就是朱老师，特别喜欢吃的一位老师。看看我的身材，你们觉得我是教什么的？

生：体育。

生：音乐。

师：是的，在朱老师的课堂上大家可以唱出非常美妙的歌声，还可以展示优美的舞姿哦！

生：哦！音乐老师，我最喜欢唱歌啦！

师：真机智，我就是带领你们感受艺术乐趣的音乐老师。

【设计意图】通过猜姓氏、猜学科这样的方式让孩子们认识老师，孩子们在欢快轻松的环境中了解老师的学科特点，并能够用自己的方式记住老师，从而让他们的内心有所依靠，为更好地喜欢老师、适应学校生活打下基础。

第三板块：熟悉老师，学会问好

师：小朋友们，刚刚大家认识了老师，那你们会跟老师打招呼吗？

生：会。

师：哪位小朋友能示范一下呢？

生：老师，您好！

师：刚刚这位小朋友真棒！还有没有小朋友要补充呀？

生：我觉得我们要向老师鞠躬，应该是这样的：老师，您好！（鞠躬）

师：（小结）示范得真标准。跟老师打招呼时我们要说 × 老师您好，然后微微鞠躬，再说我是 × 年 × 班的 ×××。

师：小朋友们学会了吗？

生：会啦。

师：那我们就一起来试一遍吧！

生：× 老师，您好！（鞠躬）我是 × 年 × 班的 ×××。

师：来！老师们就在眼前，我们一起去打个招呼吧！

（每个小组前站一位老师，以小组开火车的方式循环打招呼，老师亲切回礼。）

【设计意图】对于积极开启小学生活的孩子们来说，老师是他们最依赖的人，认识老师，学会跟老师打招呼，是一种非常好的拉近师生距离、消除学生紧张感的途径。因此，充分利用简单、有礼貌地打招呼的游戏方式，跟老师进行互动，打破了教室里的沉寂，让孩子们进一步熟悉老师，对老师留下美好的印象。

第四板块：温馨任务，寻找老师

师：请小朋友们翻开《我好棒！YOYO入学践行册》第1页——"认识能手"页面。下课之后，我们班的老师就在走廊里，请小朋友们去认一认老师，跟每一位老师打打招呼，问个好！正确认识一位老师，老师会奖励给小朋友一张"认识能手"的贴贴纸，看看哪位小朋友能收集全部7枚"认识能手"贴贴纸！（语文、数学、英语、音乐、体育、美术、科学七位老师）

认识我的老师，我能行！						
见到老师，我会微微鞠躬，说：×老师您好！我是×年×班的×××。						
学 科	语 文	数 学	英 语	科 学	音 乐	体 育	美 术
老 师	×老师	×老师	×老师	×老师	×老师	×老师	×老师
奖 励							
哇！我得到了 _____ 张"认识能手"贴贴纸，我好棒！						

（课间，学生寻找老师，介绍自己，礼貌地向老师问好。）

【设计意图】寻找老师，跟老师打招呼，不仅是练习如何礼貌地跟老师打招呼，也能拉近与老师之间的情感距离，从而引领新生更快地融入班级、融入学校。

效果观察

入学第一天，新生有着新鲜感与兴奋感，同时又会有一丝陌生感。通过一系列活动，可以很好地拉近师生、生生之间的距离，培养师生情与孩子们之间的友情，慢慢汇聚班级的力量。不管是投放梦想还是认识新伙伴，都为一年级萌新们注入了一种新生的力量，尤其是认识老师、学会问好这一环节，充满了乐趣，帮助新生快速熟悉老师，融入学校。形式丰富的欢迎环节唤醒了学生心中梦想萌发的力量，团结友好的氛围有助于学生更好、更快地成长。

● 活动建议

（1）入学仪式要简洁。因为一年级新生的理解能力较弱，且自控能力不强，所以主持人的介绍和布置任务的指令要清晰，任务的可操作性要强，这样才能保持校门口的通畅，防止拥堵。

（2）环保意识要强抓。入学仪式中有一环节是学生将"梦想车票"粘贴在"梦想号"上，很多小朋友撕掉双面胶后就随地乱扔，需要有志愿者从中协调帮助，家长和老师需要进行即时教育。爱护校园环境是每一个人的责任和义务，我们应从入学第一天进行教育，从小事做起。

（3）教师问候要亲切。教师留给小朋友和家长的第一印象非常重要。如何让孩子快乐入校园，家长安心离校园？教师要耐心引导孩子进班入座，陪伴孩子快乐游戏，让家长看到孩子有一个快乐的学习状态。

本课设计参与者：李慧

第二节　排排坐坐，结识朋友

活动背景

　　儿童从幼儿园步入小学，既有对未来学习的渴望，又会伴随因学习生活环境改变而产生的焦虑。孩子们告别了幼儿园与曾经陪伴自己的老师同学，准备融入一个全新的学习环境，有些孩子会因为心理准备不足产生害怕上学的情况。作为教师的我们，应该积极帮助这些即将步入小学的孩子们消除焦虑紧张的情绪，让他们更好地完善自己，能够主动交到朋友。安排座位，是新生迅速稳定情绪的一个重要契机，我们通常安排在新生报到的第一天。学生桌上都有名字牌，但也难免有学生会找不到，因此认识同桌、前后桌以及小组同学非常重要，能够让孩子迅速融入班级。根据 6 岁儿童的认知特点，孩子们短时间内并不能认识并记住全班同学。因此，从认识周围同学开始，也为之后排队奠定基础，记住前后是谁，以免记忆混乱。

活动目标

　　（1）根据身高进行座位的编排，编排过程中要考虑特殊因素，如视力、行为习惯等。

　　（2）借助姓名标识，以歌曲《你的名字叫什么》为载体，引导孩子进行交流和相互介绍，帮助孩子认识同桌、前后桌、小组同学，为之后排队奠定基础。

　　（3）鼓励孩子在课间认识更多的新朋友，通过认识伙伴帮助孩子迅速融入到新的集体中来。

活动准备

了解每一个孩子的视力情况；准备好课件、视频、音乐等。

活动过程

第一板块：前矮后高，我能整齐排队

1. 学习榜样，我们最棒

师：亲爱的小朋友们，我们40多个伙伴组成了一个新的集体。从今天起，很多时候我们需要集体行动，要排好队伍整整齐齐地出发。

（出示照片：高年级学生整齐的出操队列、放学路队、运动会队列。）

师：你们看，这是大哥哥大姐姐们的路队照片……你们觉得大哥哥大姐姐们表现得怎么样？

（学生纷纷表示：他们的队伍很整齐、很有精神、表现很好。）

师：相信吗，你们也能做到！

（学生坐得更端正了。）

2. 星级挑战，学会排队

师：接下来，我们也一起来排排队。听清楚老师的要求：第一步是起立塞椅，第二步是快步排队，第三步是安静快速地走到走廊里排队，男生一队在左边，女生一队在右边。听清楚了吗？

生：听清楚了。

（老师说指令：一，起立塞椅；二，快步排队；三，安静整齐，安静整齐我最棒！老师及时反馈表现。）

师：刚才是三星级挑战，小朋友们完成得非常出色，接下来是一个四星级的挑战，你们敢不敢来挑战？

生：敢。

师：请你观察前面同学的身高，如果你比他高就不动，如果你比他矮就排到他的前面去。如果有难度，可以寻求老师的帮助。

（学生观察并调整队伍，老师引导帮助。）

师：小朋友们非常棒！已经出色完成四星级的挑战任务。我们来给自己一点掌声。（嘿嘿，你真棒！）

师：接下来，我们有一个五星级的挑战，请你仔细看看你的前面是谁，后面是谁，并记住他们。我们第二遍从教室里出来的时候，请你直接站在现在的位置，保证两条队伍的整齐。

（给学生半分钟时间观察记忆。老师和学生一起合作来说指令：一，起立塞椅；二，快步排队；三，安静整齐，安静整齐我最棒！按步骤进行，老师及时反馈表现。）

【设计意图】排队是一个很简单的动作。但是对于一年级的孩子来说，要做到规范并不是一件容易的事。需要将排队细化（分三步走）。先和孩子说清楚要求，然后分步骤尝试并及时反馈，最后将整一套动作连起来进行挑战。挑战时及时反馈、肯定，并根据学生掌握情况进行多次巩固练习，帮助孩子顺利达成学习目标，为之后的班级路队打下扎实的基础。

第二板块：前低后高，我有一个好座位

师：为了保证每一个同学坐在教室里上课的时候，都可以看到黑板，我们要根据前面低、后面高的原则来安排座位。当然，如果你有特殊情况，老师也会考虑。接下来，老师来给大家排排座位。

（老师按男女生搭配，从前到后安排座位。学生调整自己的座位牌。学生念一念《我有一个好座位》。）

我有一个好座位

一排好，二排棒，三排四排了不起；
五排优，六排强，七排八排顶呱呱！
你坐六排，你真强，我坐八排顶呱呱！

（出示温馨提醒：由前到后，每个座位都有重要的意义，为了不影响前排同学的观察视野，高个儿同学需要坐到后排。为了保护每一个小朋友的视力，每周将大组间进行滚动轮换。）

【设计意图】安排座位虽然简单，但因为家长对孩子的座位非常关注，因此需要在安排座位时，将安排原则跟小朋友们进行沟通，通过《我有一个好座位》的儿歌让孩子们体会到每一排的座位都很好。同时基于每一个孩子的视力和公平考量，每周进行大组的滚动轮换。

第三板块：认识伙伴，我认识一群朋友

1. 你的名字，我能记得

师：每一个小朋友都有了自己的座位，看看你的身边，还有前后，我们有了很多新伙伴。我们来互相认识一下吧！我们按照句式介绍：你的名字叫什么？我叫×××。（×××你好！我的名字叫×××。）

师：先来认识同桌吧！哪一组同桌先来试一试？

生：你的名字叫什么？我的名字叫×××。

生：×××你好！我的名字叫×××，很高兴跟你同桌。

（播放歌曲《你的名字叫什么》。）

师：你从歌曲中听到了什么？

生：小朋友们在互相介绍。

生：他们还夸对方的名字真好听。

师：我们来学一学歌曲。

（学生学唱，配上动作、表情。按歌曲段落，老师邀请同桌小朋友一组一组轮流来表演。然后全班同桌演唱歌曲，相互介绍。）

师：除了同桌，我们前面还有小伙伴，后面还有小伙伴，左边右边还有小伙伴。我们前后的小伙伴，也来试着相互认识一下。你还想认识教室里的谁，可以离开座位，主动认识新朋友。

2. 辨析烦恼，学会交友

播放小视频《小明的烦恼》：我叫小明，是一年级的小学生。最近我遇

到了烦心事：每次活动课上，看到小朋友们玩游戏，我特别想和大家一起玩。可是每次都没有小朋友愿意和我一起玩，我很羡慕他们。

师：以前，你们遇到过和小明一样的情况吗？为什么没有小朋友愿意和小明一起玩？

生：小明胆小，自己不主动和小伙伴交流。

生：也许小明平时爱欺负同学，所以大家不想和他玩。

生：可能小明在游戏中，总是想让别人听自己的，不遵守游戏规则。

师：那小明该怎么做，才能和小朋友们一起玩呢？请小朋友们帮小明出出主意。

生：他可以大胆一些，主动和小朋友交流。

生：他平时要对小朋友好一些，他们就愿意和他一起玩了。

生：小明说话要有礼貌些，多跟小朋友商量，他们就愿意和他一起玩了。

师：小朋友们帮小明想的办法呀，老师一定会转告小明，相信小明一定能找到朋友和他一起玩的。

【设计意图】座位确定以后，认识同桌、前后桌及小组同学，借助歌曲《你的名字叫什么》，让孩子们在愉快轻松的音乐情境中结识新朋友，鼓励孩子在课堂外认识更多新伙伴。通过分析小明的烦恼，让学生明白正确的交友方式，迅速交友，融入到集体中来。

第四板块：小小挑战，我是交友大王

1.图片展示，说说如何交友

（出示内容为礼貌借铅笔、扶同学起来、勇于认错、礼貌问好、随意指责且动手打架的图片。）

师：你喜欢哪些图上的小朋友呢？

生：我喜欢礼貌借铅笔的小朋友，他非常有礼貌。

生：我喜欢扶同学的小朋友，妈妈经常告诉我说，要帮助别人，这样别人才愿意去帮助你。

生：我喜欢那位在同学摔倒时，扶她起来的小朋友，他很有爱心，我也是这么做的。

　　生：犯了错误，要勇敢地承认错误，这样其他小朋友才能够喜欢你。

　　师：第五幅图，这位小朋友想参与其他同学的活动，如果你是他，你会怎么做呢？

　　生：我会问，我可以参加吗？像这样有礼貌地问一问。

　　师：如果像这幅图这样，随意指责同学，动手打架，能交到朋友吗？

　　生：不能。

　　师：那么我们应该怎么做才能在班级里收获许多小伙伴呢？怎样做才是正确的与朋友的相处之道呢？

　　（引导学生小结：要有礼貌、关心帮助同学、勇于认错。）

　　师：是的，老师相信每一位小朋友，也能这样对待我们的同学，是不是呀？

　　生：是。

　　师：只有对我们的同学保持一个友好的态度，才能交到真心的朋友。

　　2. 小小挑战，谁是交友大王

"小小交友大王"行动卡		
项目（具体内容）		我做到啦！
举止有礼	懂得礼让，不讲脏话，不和同学闹别扭。	☆ ☆ ☆ ☆ ☆
	主动关心、帮助同学。	☆ ☆ ☆ ☆ ☆
	见面微笑，主动热情。	☆ ☆ ☆ ☆ ☆
言辞文明	与人见面，说"你好"或"您好"。	☆ ☆ ☆ ☆ ☆
	请人帮忙，说"请""麻烦了""谢谢"。	☆ ☆ ☆ ☆ ☆
	帮助别人，说"不客气"；失礼之处，说"对不起"。	☆ ☆ ☆ ☆ ☆
	与人离别，说"再见"。	☆ ☆ ☆ ☆ ☆
①每天每项1颗"☆"，一天最多可得7颗"☆"，若有不礼貌行为，少得1颗"☆"；②一周得35颗"☆"，将获得"交友小达人"星一枚；③集满4枚"交友小达人"星，可以换"交友标兵"勋章一枚。		

学生翻开《我好棒！YOYO入学践行册》第2页——"小小交友大王"行动卡页面，前后桌四人组成行动和评价小组，互帮互助，为成为"交友大王"共同努力。

在一起，多欢喜

同学们，在一起，懂礼让，会关心。

见面会微笑，离开说再见。

你也喜欢我，我也喜欢你，都是好朋友，你说多亲密。

大家在一起，真是很欢喜。

引领学生齐读。然后教师进行总结：落实行动，相信人人都能交到好朋友。

【设计意图】学习如何交友，需要明确具体行为，借助图片中的形象内容，让学生结合自己的认知学会判断如何做才能让人喜欢，从而审视自己的行为。当然，交友需要有指向性，通过挑战性任务，引导学生学会相处之道，多多交友，争取进一步增进生生之间的情谊，促进孩子融入集体，对新的集体产生安全感和归属感，快速喜欢上新集体。

效果观察

在第一个板块中，排队的指令"一，起立塞椅；二，快步排队；三，安静整齐，安静整齐我最棒"这几个步骤虽然简单，却意义极大，具体明确，迅速帮助学生建立起排队的规范和意识。安排座位是大事，因为家长很关注，因此设计了《我有一个好座位》的顺口溜，对孩子来说，接受度非常高，每个孩子都觉得自己非常幸运，坐在很好的位置。为了促进学生的融入，借助音乐《你的名字叫什么》活跃了气氛，打破了陌生感，孩子们熟悉了同学，交到了朋友。之后，教师再通过图片辨析，进行了正确的引导，使得孩子们形成了良好的对待他人的情感态度，明白了友善待人、微笑待人的道理。特别是最后一个板块中的争当"小小交友大王",借助行动卡推进了每日行动,把交友落实到行动上,取得了良好的效果。

活动建议

(1)排队需要多次练习,可以多借助课间反复多次进行巩固。

(2)教学音乐《你的名字叫什么》,考虑到学生是第一次接触,可以适当放慢,帮助学生建立××|×××的节奏。

(3)烦恼辨析和图片分析环节,要始终把握好正确的态度导向,纠正孩子们可能出现的错误态度。选择好合适的榜样,可以是孩子们身边的,那样会更有说服力。要鼓励孩子们进行表达,积极思考自己的表现以及与朋友的相处方式。

(4)在最后一个板块,要注意相互评价的随意性,避免出现"好与不好一个样",做好鼓励引导工作,以达到行动有效。

本课设计参与者:李敏霞　高颖

第三节　初识校园，寻找教室

活动背景

　　小学相对幼儿园来说，校园环境更大，活动空间更广，对刚从幼儿园毕业的孩子来说，需要一定的时间来适应。他们从单独的教室区域活动，走向整个校园的活动，区域变大了，视野开阔了。孩子们的好奇心又比较强，希望外出去探索，若辨别方向的能力不足，就会出现落单的孩子从教室离开之后，找不到自己教室的现象。因此，对于刚入学的孩子们来说，必须学会这样一项本领：能从自己常去的场所正确回到自己的教室。比如去厕所、老师办公室、操场等地方，能做到快乐地去，正确地回来。在第一天的"校园初体验"中，老师需要带领孩子们通过走一走、认一认等实践活动，熟悉校园生活的相关路线，学会自己去、自己回，并内化为本领。

活动目标

　　（1）通过观看校园照片初步认识校园，对学校布局、学校设施、学校文化有一个初步了解，促使孩子们产生兴趣。

　　（2）通过游戏活动帮助学生熟悉常去的场所，帮助学生快速建立"家"的概念，从而更快融入校园。

　　（3）在高年级哥哥姐姐的帮助下接受任务挑战，让学生熟悉教室、办公室、厕所、操场等的方位，并能正确安全地返回教室。

活动准备

拍摄校园照片、制作闯关任务卡。

活动过程

第一板块：认识常去的地方，熟悉校园规则

1. 认识常去的地方

师：小朋友们，今天我们要认识校园常去的地方。说一说，平时最需要去的地方是哪儿呀？

生：洗手的地方、厕所、老师办公室、操场……

师：哪位小朋友知道厕所在哪儿？操场、接水区又在哪里呢？

（学生回答。）

师：那我们一起来认识一下吧。（出示厕所、洗手池、接水区、操场、办公室等的照片，通过师生交流的方式来认识。）

（1）厕所。

师：这里是——厕所。这是男生女生的标志，男女生要分开上厕所。上完厕所要记得？

生：冲水。

师：你们都很文明，上完厕所记得冲水，下课记得及时上厕所。

（2）洗手区。

师：这是洗水区，洗手用水需要？

生：排队。

生：及时关水。

师：说得很好，我们排队洗手并节约用水。

（3）接水区。

师：这是温水的接水区，小朋友口渴了在接水时需要先把杯子放好，再按开关。饮用水的接水区能洗手吗？

生：不能。

师：是的，洗手要在洗水区，在饮用水的接水区洗手会有细菌流到我们喝的水中哦!

2. 认识老师办公室

师：课间遇到困难，小朋友没有办法解决，怎么办?

生：找老师。

师：是的，去老师的办公室，知道要注意什么吗?

生：喊报告。

生：敲门。

师：非常棒! 我们试着做一做哦!

（学生模拟：先敲门，喊报告，得到老师的允许才可以进办公室。）

3. 认识运动场地

（1）操场。

师：这是操场，在操场我们可以干什么呢?

生：上体育课、运动、游戏。

师：是的，在这里要注意什么? 哪位小朋友知道呀?

生：注意不能乱跑。

生：要注意不能推挤同学。

师：对，要注意安全，不能故意推拉同学，也要防止自己摔倒。

（2）走廊。

师：这是走廊，我们该怎么样?

生：慢步走。

生：不拥挤。

生：靠右走。

师：看来你们都很清楚了，在校园的走廊里，我们要靠右侧轻声慢步行，若要上下楼梯要做到不拥挤、靠右行走、有秩序。

4. 认识教室

师：这是哪里呀?

生：（齐）我们的教室。

师：小朋友看到了什么？我们的教室有什么让大家一下就能记住的特点？

生：有班牌，×年级×班，还有上面的图案、文字。

生：我们班是第×个教室。

师：是呀！出去回来时，我们要记住这个跟别的教室不一样的标志、图案，这样才能不迷路。

【设计意图】认识这些孩子们经常去的地方，非常有必要，能够让孩子迅速熟悉并融入。每个地方都有规则，通过出示学生感兴趣的校园照片，调动学生的积极性，在看照片的过程中初步了解校园，培养一种熟悉感，为下一步熟悉路线做铺垫。

第二板块：大手拉起小手，结伴同行

师：小朋友们，我们刚刚认识了这些地方，大家想不想去这些地方看看，现场体验一下，到这些地方去展示一下我们学习到的礼仪呢？

生：想呀！

师：不急哦！去之前，我们高年级的大哥哥大姐姐，想来认识我们，等会儿他们会带领我们一起去，好不好？

生：（兴奋）好！

师：看看，大哥哥大姐姐们在哪里呢？小朋友们请看……

（窗外有很多大哥哥大姐姐。）

生：哇！

师：有请大哥哥大姐姐。

学生代表1：亲爱的小朋友，大家好！我们来自×年级×班，接下来你们将开启一年级的学习生涯！遇到困难，你们可以找我们哦！

学生代表2：接下来，我们要进行一个充满意义的活动，让我们和在座的一年级小朋友手拉手互结友谊，践行我们学校友善、担当的核心价值观。

学生代表1：手拉手结对仪式现在开始！请每一位大哥哥大姐姐，来到一位结对的小朋友前面，拉拉手，表示你们成为结对伙伴。

学生代表2：从此刻开始，你们成为手拉手的好朋友，生活上可以相互照顾。

学生代表 1：从此刻开始，你们成为共同成长的好伙伴，学习上可以相互帮助。

学生代表 2：接下来，请大哥哥大姐姐为小弟弟小妹妹们赠送印有学校核心价值观的"四叶风车"，并相互拥抱。

学生代表（合）：风车转啊转，转出了快乐与成长，转出了烦恼与忧愁。在接下的日子里，你们将大手牵小手，在附小这个温馨的大家庭里共同成长。

（结对小伙伴之间相互介绍认识。）

【设计意图】帮助一年级学生更快地成长，同时也充分培养高年级学生自主、自立的能力。通过开展手拉手活动，展现高年级学生的责任担当：课余时间帮助一年级小朋友尽快融入、适应校园新生活。

第三板块：实地走进校园，熟悉路线

师：现在，请高年级的同学，牵手一位一年级的小弟弟小妹妹，去刚刚介绍的这些地方，也请高年级的哥哥姐姐，把每到一个地方的注意事项，介绍给小弟弟小妹妹。之后，再牵手把小弟弟小妹妹送回教室。

设计路线：教室—走廊—厕所—洗手池—接水区—操场—教师办公室—教室。（1）正副班主任（或体育老师）从旁协助带领，提示学生保持整齐的队列，做到轻声慢步，注意安全，同学要文明礼让。（2）来到每个地方，都要温习规则，并提示学生记住路线。

【设计意图】通过逛一逛校园，实地走进现场的方式，让孩子在真实体验中去认识学校，去现场学习规则。真切的现场感，会给孩子带去更加深刻的印象和记忆，为之后自己独立活动奠定基础。手拉手互结友谊为新生注入了新的能量，拉近了学生之间的情感，引领新生更快地融入。

第四板块：挑战小小任务，巩固记忆

师：小朋友们真棒，这一路走下来，我发现每个小朋友不仅有礼貌，还学习到了新的本领。相信大家刚刚已经记住了校园的各个地方，想不想接受一下挑战呢？

生：想！

师：下面要请同学们翻开《我好棒！YOYO入学践行册》第3页——"我会寻找"任务卡页面，进行任务挑战，两人一组去找一找这些地方。每过一关，老师都会根据你们的完成情况打上五角星。小朋友们闯过三关后回到教室，看看哪个组拿到的五角星最多。

"我会寻找"任务卡

完成每一关，请对应地涂黑☆

第一关：老师办公室　　　　　　　　　　☆ ☆ ☆
第二关：厕所　　　　　　　　　　　　　☆ ☆ ☆ ☆
第三关：操场　　　　　　　　　　　　　☆ ☆ ☆ ☆ ☆

第一关：教师办公室。内容：敲门、报告、礼貌问好。（三颗星）

第二关：厕所。内容：熟悉路线、正确如厕、冲水、洗手。（四颗星）

第三关：操场。内容：路线正确，轻声慢步过走廊，安全抵达操场，正确返回教室，遇到老师要问好。（五颗星）

注意：年级组老师配合活动，班主任、体育老师、高年级结对学生负责保护小朋友们活动的安全，并提醒要轻声慢步，不拥挤。副班主任在班级等待学生回教室。

【设计意图】任务挑战，是小朋友最喜欢的活动方式之一，它能激发学生的兴趣，使他们在轻松有趣的过程中，真正记住校园的各个地方，熟练回到自己的教室。行进过程中，学生学习礼让，熟悉规则，顺利地开启独立走出教室的第一步。

效果观察

从一开始的胆怯、害怕，到活动结束后的兴奋、开朗，看得出孩子们在活动过程中逐渐感受到成功和快乐，慢慢地放下戒备和焦虑，自然而然融入校园生活。

短短一课，孩子们对校园的布局、校园的文化、班级的概念都有了不少的了解，达到了初识校园的目的，而且在集体行进和独立外出的两次实践活动中获得不同程度的进步。第一次是由高年级学生带领，他们建立了友谊，体验到进入校园的乐趣。第二次是孩子们自己独立探索，真正体会到了体验校园生活的乐趣，在这个过程中不仅建立了规则意识，学习了如何礼貌待人，也在熟悉校园中迅速地找到了归属感，校园、班级已经成为他们的第二个家。

活动建议

这一节课的设计，是为了让孩子记熟校园的各个地方，在活动过程中需要注意以下几个方面：

（1）第一板块通过观看照片来认识校园各个地方，在这一过程中师生可以多交流。孩子平时需要注意的问题，可以多用提问的方式让孩子先自主思考，教师再做补充总结，帮助学生加深对校园的印象。

（2）第二、第三板块的体验活动，由于孩子们刚从幼儿园毕业，规则意识和行为常规还有所欠缺，同时孩子年纪较小，好奇心重，容易接触一些具有安全隐患的设施，所以教师一定要关注孩子的纪律和秩序，尤其是发挥好高年级学生的作用，确保活动愉快安全地开展。

（3）在第四板块的任务挑战过程中，因为孩子们第一次独立行动到真实情境中去体验，需要年级组老师充分配合，主动参与帮助学生完成体验挑战。当然，一定要有老师在班级教室门口接待孩子的回归，以免孩子走丢。若年级班级多，学生数量多，需要组织更多的老师参与到这个活动中来。

（4）高年级参与手拉手结对的学生，需要进行相关培训：语言温柔礼貌，态度和蔼可亲，介绍专业有趣，形象精神大方。他们给新生的第一印象，比起老师更加强烈。因此，对高年级参与活动的同学进行全面培训，是本课课前要做的重要准备。

本课设计参与者：夏远航

第四节　文明就餐，我们最棒

活动背景

就餐是我们日常生活中必不可少的环节，人们在家庭中完成用餐，在餐厅中进行就餐……别小瞧了就餐这一个日日都在发生的活动，其中也蕴藏着人们的文明习惯。懂得就餐时的文明与礼仪，是一个人个人素养的体现。

学校有着学生的大型就餐场所，不论是在食堂中进行就餐，还是在教室里完成就餐，在就餐的整个过程中都有着许多值得学习的文明细节。如果不懂得就餐文明，那么用餐时的喧哗吵闹、对粮食的肆意浪费，以及用餐场所糟糕的卫生情况等都会使就餐这一原本愉快而有序的事变得令人生厌。因此，对于初入学的孩子们来说，在就餐过程中养成良好的习惯、学会在教室中文明就餐意义重大。

活动目标

（1）通过观察、判断、操作等学习过程，让学生知道并学会文明就餐的相关礼仪。

（2）引导学生享受就餐的过程，珍惜粮食，爱护食物，做到不挑食。

（3）让学生在活动中学会正确的就餐方法，专心就餐并正确使用餐具；讲究卫生，就餐时保持自己、桌面、地面的清洁，进餐后会收拾自己的餐具，养成正确就餐的好习惯。

活动准备

设计好要讨论的话题，课前排练情景剧，准备相关图片、视频及课件等。

活动过程

第一板块：漫画入题，发现就餐问题

1. 观察漫画，交流发现

师：小朋友们，老师给大家带来了几幅小漫画，请你们仔细看一看，你们观察到了什么？（漫画内容为：高声交流，不守秩序；过量点餐，产生浪费；随意乱吐，不讲卫生。）

生：我看到第一幅图中有两个人在吃饭的时候大声讲话。

生：我看到第二幅图中有人用餐后剩下了很多的饭菜，都被倒掉了。

生：我看到第三幅图中有人在吃饭的时候随地乱吐痰。

师：图上这些人就餐行为对吗？

生：不对。

师：为什么？

生：大声讲话，不利于健康，影响他人；饭菜倒掉了是浪费粮食；随意乱吐很不讲卫生……

2. 观赏图片，导入主题

师：是呀。就餐的行为不仅仅发生在家中、餐厅里，在校园里，我们每天中午也会进行用餐。你瞧！这是哥哥姐姐们在进行午间的用餐呢！你们有什么感受？（展示校园有序用餐的照片）

（学生交流。）

师：哥哥姐姐们用餐真是文明有序，看来用餐这件小事也有许多需要学习的地方，今天我们就要一起来学一学如何做到——文明用餐（板书）。

【设计意图】由学生感兴趣的漫画小图片导入，调动学习积极性。在读

漫画的过程中，给学生充分的时间自己去发现漫画中传递的信息、评判漫画中的行为，更能带动学生意识到不文明用餐的问题。再由社会现象转向校园，通过浏览校园中有序用餐的照片，增强学生对学习文明用餐的向往。

第二板块：观察讨论，了解就餐文明

1. 就餐秩序：身边的就餐行为

（1）情景感受：文明排队。

师：小朋友们，一年级的小朋友正准备就餐呢，在就餐排队的过程中，发生了什么样的小故事？我们一起看看吧。

情景剧演绎：下课铃声响了，准备用餐了。小明迫不及待地跑着跳着出教室，想要早点排在队伍的前面。小红看见队伍已经排得长长的，就和好朋友商量插了个队。小刚和小亮都觉得自己先到，你推我挤想要排在队伍前面，只有兰兰等同学安安静静地排队等待着。

师：你觉得这些同学做得对吗？

生：小明、小红、小刚和小亮都做得不对，兰兰等同学做得对。

师：为什么？

（学生讨论交流：插队不文明，破坏了打饭的秩序，跑跳推挤会造成安全隐患，不文明，兰兰等同学做到了文明等待。）

（2）观察对比：专注安静。

师：下面老师还要带同学们一起走进高年级哥哥姐姐们的教室，看看他们是怎么吃饭的！你们喜欢哪个班级的吃饭氛围，为什么？（播放高年级同学拍摄的就餐短片）

（教师对能够认真安静观察的小朋友给予奖励。学生观察对比：安静就餐的环境更令人喜欢。）

师：（引导小结）就餐要注重秩序，按秩序排队，用餐时更要安静守纪。（板书：就餐秩序）

2. 就餐卫生：小亮的用餐卫生

师：我们都是讲卫生的孩子，就餐文明，也不能忘了讲究卫生。请你们说说如何做到就餐卫生呢？（学生讨论交流）

（1）个人卫生。

师：同学们都提到了用餐要注意个人卫生，餐前餐后都要——洗手。小亮正在洗手呢！请你们看看他这样洗手能把手洗干净吗？（出示小亮错误洗手的图片）如何洗手最有效？我们一起学学洗手七步法。

第一步：掌心相对，手指并拢互相搓擦；　第二步：手心对手背沿指缝相互搓擦，交换进行；　第三步：掌心相对，双手交叉沿指缝相互搓擦；　第四步：双手指相扣，互搓；

第五步：一手握另一手大拇指旋转搓擦，交换进行；　第六步：将五个手指尖并拢在另一手掌心旋转搓擦，交换进行；　第七步：螺旋式擦洗手腕，交替进行。

①请一位学生示范做一做。

②大家跟着做一做。

（2）桌面整理。

师：小亮洗干净了小手开始用餐了，用完餐后，小亮的桌面变成了这样，我们赶紧去看一看。

（出示图片：小亮的餐桌——餐具乱摆放，食物残渣滞留在桌面上，桌面一片混乱。）

师：有什么问题呢？

（学生交流。）

师：看来餐后的桌面整理也很重要！餐具都应该放回它们的家，食物残渣属于易腐垃圾，应及时倒进规定的餐桶内。

（3）地面清洁。

师：我们再来看看小亮附近的地面吧！（出示图片）你们又学到了什么？

生：整理完桌面，记得把地面残留的垃圾打扫干净，这样教室就会整洁如新。

师：（引导小结）就餐要注意卫生，用餐前后要洗手，注意环境整洁。（板书：就餐卫生）

3. 就餐习惯：食物不挑不浪费

（1）儿歌欣赏：懂得吃饭不能挑食。

师：学校里有那么多学生，食堂的工作人员每天要烧那么多的饭菜，很辛苦，如果有一天，有的菜你不爱吃怎么办？（播放儿歌《吃饭不挑食》）

（生讨论交流。）

师：原来各种各样的菜都有自己的营养，要是挑食了就长不高了。即使现在不爱吃，慢慢尝试，做到营养均匀，这样就能像儿歌中的弟弟一样啊，长得比哥哥高了。

（2）新闻补充：懂得珍惜粮食资源。

师：光做到不挑食还不够，世界上，不珍惜粮食、浪费的现象也处处存在，现在我们走进新闻直播间去看一看。

播放新闻视频：央视报道，中国人每年在餐桌上浪费的粮食价值高达2000亿元，被倒掉的食物相当于2亿多人一年的口粮。这真是不折不扣的"舌尖上的浪费"。而我国的贫困地区，食品匮乏、安全问题却普遍存在。山里的大多数孩子是留守儿童，缺乏一定的饮食营养监督，食品营养安全教育处于缺失状态。此外，学校食堂硬件设施差，山区交通不便导致采购困难，难以满足学生的饮食营养需求。

师：看了这则新闻报道后，你们有什么想说的？

（学生谈感受。）

师：（引导小结）就餐不能挑食，更不应该浪费，要做到"光盘"。（板

书：就餐不挑不浪费）

【设计意图】这一环节旨在带领学生了解就餐文明的三大方面，分别是守秩序、讲卫生、不挑食不浪费。为了达成这一目标，设计了丰富多样的学习形式，通过情景剧演绎、视频观看、新闻补充等，使学生感受到文明就餐的重要性，为就餐规范的学习打下良好的基础。

第三板块：实践体验，学会文明就餐

1. 就餐我会跟着做

（播放微课：高年级哥哥的用餐流程示范。）

准备用餐桌面清 → 铺好餐布坐端正 → 小手揉搓洗干净 → 回座安静等点名 → 走路餐盘端平稳 → 安静进餐不说话 → 餐盘竖起倒干净 → 放餐盘时对整齐

师：看了刚才的示范，你学会怎么做好餐前准备，怎么盛饭、倒汤汁了吗？谁来说一说？

（学生交流讨论。）

2. 就餐知识小问答

师：为了检查大家是不是把用餐流程记在心间了，现在我们来做一个简单的就餐知识小问答吧，你们准备好了吗？

（教师就用餐细节进行提问，例如：倒剩菜怎么做？端餐盘排队要怎么做？学生抢答。）

3. 就餐规范我能行

师：光会说还不够，现在我们可要来进行"实战演练"了，请几位小老师根据老师给出的就餐小环节来做一做示范！（每一项指名 2 名同学进行实践）

（1）端餐盘排队怎么做？（端平稳餐盘，安静有序排队。）

（2）想添菜怎么做？（端平稳餐盘，安静排队等待添菜。）

（3）倒剩菜怎么倒？（弯下腰，把餐盘竖起来，用勺子刮干净。）

（4）空餐盘怎么叠放？（把餐盘的每个格子对齐，整齐地叠上去。）

（5）怎么收拾桌面？（把餐布、勺子收拾好，用抹布擦干净桌面。）

师：我们的小老师都已经学会了，你们也学会了吗？

4. 就餐文明记心间

师：老师还把就餐文明编成了一首儿歌，我们一起来读一读吧！

就餐儿歌

铃声响，吃饭啦，清理桌面铺毛巾。

坐端正，请示意，排队洗手不推挤。

洗完手，回座位，安静等待不吵闹。

叫名字，请出列，过道排队静齐快。

不讲话，不插队，餐盘端正勿倾斜。

进餐时，不挑食，说说笑笑可不行。

吃多少，盛多少，爱惜粮食要光盘。

添饭前，请举手，说声谢谢有礼貌。

吃饭后，清餐盘，耐心等待餐盘齐。

餐桌净，地面洁，不留饭粒和汤汁。

洗净手，过道亮，人人都要讲卫生。

【设计意图】通过微课的学习，直观高效地为学生传递文明就餐流程。当然，学习最终是为了日常生活的实践，为了避免纸上谈兵，以知识问答的方式检查学生的内化掌握情况，再通过小老师带动全班小朋友们进行巩固学习，最终促使学生掌握用餐规范。

第四板块：练习延伸，深化就餐意识

1. 全班就餐实践

师：学完这一课，马上就要开饭啦，现在我们随着铃声的响起来试一试文明用餐吧！

（铃声响起，学生操练就餐流程，教师相机指导，拍摄良好的用餐画面。）

2. 就餐文明挑战：嘟嘟嘴评选

师：在接下来的日常学习生活中，同学们积极做好文明用餐，班级中将评选"文明用餐星"嘟嘟嘴。

下面请同学们翻开《我好棒！YOYO入学践行册》第4页——"文明用餐星"嘟嘟嘴评价方案页面：

（1）嘟嘟嘴要求：讲究卫生，排队有序，不挑食物，安静文明，节约干净。

（2）嘟嘟嘴奖章：每天在中餐管理期间，只要能达到以上要求的同学，都能得到一枚奖章。表现突出的同学，可以得到双倍奖励。

"文明用餐星"嘟嘟嘴评价表	
荣　誉	要　求
超级嘟嘟嘴	获5枚及以上奖章的同学
优秀嘟嘟嘴	获4枚奖章的同学
进步嘟嘟嘴	获3枚奖章的同学

"文明用餐星"申报卡及喜报（一周申报一次）：

我要申报
"文明用餐星"
申报陈述：
1. 我获得了嘟嘟嘴奖章 _____ 枚。我是（超级　优秀　进步）嘟嘟嘴。
2. 我对自己的用餐文明行为评价是（非常文明　文明　较文明　还需努力）。
申请人 _____
日　期___月__日

喜　报
祝贺 _____ 小朋友
获得"用餐文明星"的称号。
___年___班
___月___日

【设计意图】文明就餐的学习是为了学生能够将就餐的好习惯在生活中牢牢掌握并且坚持下去。为了达到这一教学目标，在教学中设计了延伸至课后的嘟嘟嘴评价方案，帮助学生在每天的就餐过程中将文明行为巩固下来，真正养成好习惯。

效果观察

在学校中用午餐，看似是一件简单的事，但是对于一个一年级新生来说需要学习和注意的地方很多。通过本课的学习，学生了解到原来就餐文明也有许多的讲究！文明就餐如此重要，能够帮助学生养成良好的习惯，做到有秩序、讲卫生、不浪费等。通过这一节课的学习和体验，小朋友们不仅学习了就餐的完整流程，更亲自体验了如何文明就餐。在接下来的学习生活中，学生们会逐渐养成良好的用餐习惯，并将这种习惯延续到生活中每一次的用餐中去。

活动建议

这一节课的设计，有丰富的材料与活动，为了把文明就餐的体验深化、落到实处，在教学中可以注意以下几个方面：

（1）第一板块，采用了漫画观察发现的方法，一年级的孩子识字量不多，老师可以先范读人物的语言，除此之外不做过多的提醒。注重让学生自己去观察图片中的信息、判断图片中的行为，激发学生学习的自主性。

（2）第二个板块的重点在于学生对文明用餐的了解，形式比较丰富。但是为了落实第三板块的"行"，第二板块每一个小环节不应该展开时间过长，尽量简练。

（3）第三个板块，在请小老师示范时，应注意所选学生的代表性。对于示范者的评价，老师应注意尽量准确到位，有一定的指导性。

（4）嘟嘟嘴评价体系是对课堂学习内容的延伸，也是进一步落实本课"行"的目标，老师应该着重将评价规则向一年级小朋友传达清楚，鼓励孩子坚持下去，最终养成良好的用餐习惯。

本课设计参与者：骆雨倩

第五节　遵守规则，路队整齐

活动背景

校园是孩子步入的第一个"小社会"，在这里除了要学习文化知识，更要学会遵守规则。无论是校内或是校外，遵规则、守纪律是成为一名合格"小公民"的首要标准，更是迈向成功的第一准则！上学、放学的路队整齐与否，是班风、班貌的集中体现，更是学校学生整体文明程度的一个缩影。为了加强班级的路队管理，提升班级路队的整体面貌，从入学这一刻起就要规范学生的行为习惯。入学之初的路队，新生们还相互不认识，前后左右经常容易弄错，有的第一天记住了，第二天衣服一换又搞不清楚了，因此需要教孩子们记住前后左右的队友，比如看发型、看五官特点等，还可以结合教室中的座位顺序——同桌、前后桌。安排路队时，要按照一定的顺序，方便学生记忆。

活动目标

（1）让学生明白在校园中遵守规则、整齐排队的重要性，认识"小学生路队"标识，使学生了解路队的来历及意义。

（2）走进生活，走进2019年国庆阅兵，让学生在观赏、讨论、游戏等活动过程中，充分认识到遵守规则、守纪律的重要性，从而规范路队，能初步做到静、齐、快。

（3）引导学生树立遵规守纪的观念，在日常生活中养成自觉排队、礼让的好习惯。

活动准备

收集有关"小学生路队"的标识、图片、视频、音频、新闻等，带领学生做有关路队的小游戏，在亲身实践中感知路队规则的重要性。

活动过程

第一板块："大雁飞行"，发现路队问题

师：小朋友们，今天的课堂，老师想先和大家来玩一个游戏，有兴趣吗？

生：有！

师：游戏的名称叫"大雁飞行"。来，现在请小朋友们跟着老师一起飞行。

（学生争先恐后准备上来，老师用手势示意停止，并让大家安静回到自己的位置。）

师：这样会很乱的，不能这样进行游戏，我们不再进行游戏了！

（学生个个很失望。）

师：游戏不能玩了是不是非常失望？那大家想想，在刚才大家准备上来游戏的过程中你们发现了什么？怎样才能欢快地玩游戏呢？

生：我们很多小朋友都想往前挤。

生：这样的大雁飞行队伍会不整齐，会乱。

生：大家都会挤来挤去的，没有顺序。

……

师：（引导小结）要遵守规则，整齐排队。

师：等我们上了这节课，学会了如何整齐排队，我们再来玩这个游戏，怎么样？

（学生虽然有点小失望，但还是有期待的，纷纷回答：好。）

【设计意图】通过"大雁飞行"的游戏，拉近师生间的距离，激发学生的兴趣。利用"一起飞行"的错误暗示，创设一种不排队的乱象，自然引出本课的活动内容——路队整齐。同时也让学生感受到不排队带来的不良后果，为接下来的学习活动做好准备。

第二板块：观看阅兵，知晓路队意义

1. 观视频，谈感受

（观赏阅兵小视频。）

师：同学们，是不是非常震撼呀？整齐的路队更是一场美丽的视觉盛宴。台上一分钟，台下十年功！你们知道吗，未能有序整齐的路队会造成很多不良后果！下面老师带领大家一起走进新闻直播间。

YOYO 新闻报道：

新闻一：2009 年 11 月 3 日，衡阳常宁西江小学在准备做课间操时，由于人多拥挤，学生下楼时发生踩踏事故，6 人受伤。

新闻二：2006 年 12 月 22 日，河北永年县第一实验学校下午放学时，位于三楼的小学三年级学生蜂拥而出，拥向楼梯口，致 1 名学生死亡，2 人受伤。

新闻三：2005 年 10 月 25 日晚，因为楼道突然熄灯、有人大喊"鬼来了"，四川巴中市通江县广纳镇中心小学发生严重踩踏事故，8 名学生死亡，45 人受伤。

师：同学们，看了这些新闻报道后，你们有什么想说的吗？

（学生谈感受。）

师：（引导小结）整齐的路队，看起来是一件非常简单的行为，可许多人就是因为图方便而选择拥挤，最终酿成了惨痛的悲剧。可见，自觉做到路队整齐是多么重要！

2. 看标识，知来历

（出示整齐排队相关的图片：等公交、地铁时有序排队；参观博物馆有序排队；"自觉排队"标识。）

师：同学们，欣赏了这几张图片后，你们发现了什么？

生：我看到人们在等公交和地铁时都有序地排着队伍。

生：我看见了小朋友在参观时都站得很整齐，大家都在认真观看，没人推挤。

生：我看到"自觉排队"的标识，这在提醒人们要整齐排队。

（学生自由表达想法，老师及时点拨引导。）

师：是啊，我们发现排队在生活中是很重要的行为。为此，北京市将每月的 11 日确定为了"自觉排队日"，意为两人以上就应像"11"一样顺序排列。自觉排队，一个小小的举动却能体现出一个城市的文明程度。让我们从自觉排队做起，学做一个文明人。（板书：自觉排队）

【设计意图】通过观看新闻视频，谈感受，让学生感受到排队的重要性。再通过看"自觉排队日"标识，了解"自觉排队日"的来历，进一步感受到自觉排队这一小小的举动却能体现出一个城市的文明程度，激发学生自觉排队、做一个文明人的情感。从这个意义上讲，与其说"自觉排队日"是一种被动的教育，倒不如说是为我们每个人提供了难得的自觉思考的契机。

第三板块：走进生活，学会路队方法

1. 迅速整队，学会路队有序

师：在我们的校园中，什么时候需要我们自觉整齐地排队呢？

［根据学生回答，出示相关图片，如排队出操、去功能教室（音乐教室、科学教室、报告厅等）、就餐排队、放学路队等。］

师：我们每天在学校里都要出操列队，下面我们进行一个"我是小军人"的游戏活动，看看谁最文明。

（1）一二三四起立游戏。游戏规则：一，起立；二，跨步，向左或向右跨出一步站在过道上；三，放椅，轻轻放到桌子下面；四，立正，站在椅子后面。

师：小朋友们记住了吗？我来考考大家，一表示？二表示？三表示？四表示？我们来练习一下，老师只喊口号哦！一，二，三，四！

（学生边回答边行动——起立、跨步、放椅、立正。）

（2）五六七八集队游戏。游戏规则：五，跨步到中间过道；六，按前后顺序向门口走；七，一、二、三组排成一队，四、五、六组排成一队；八，记住自己第几位，认清前后同学。

师：排队！五，六，七，八！

（全班同学迅速、安静地走到过道排队，做到有序礼让、不推挤，站姿正确，比一比，看谁最像"解放军战士"。教师及时评价、表扬。）

2.路队整齐，养成良好习惯

师：同学们，刚才我们认识了路队的重要性，总结了排好路队的一些方法，那现在让我们实践演练一下吧！

（带领学生参观校园时着重练整齐地走路队。路队要求：快、静、齐。学生齐唱《路队歌》："站路队，快静齐，走起路来真神气，挺胸抬头甩开臂，整整齐齐向前走！"学生在实践演练中，发现自己的不足，自由表达想法，弄清楚如何辨认队友、快站队、不错队。）

【设计意图】通过路队游戏训练法，让学生结合简单易懂的口令，明白动作步骤，从而学会有序、快速、整齐地排队的方法。通过训练让新生记住自己是第几位，前后是谁，以避免以后排队的错乱，真正做到快、静、齐。

第四板块：拓展活动，养成路队好习惯

师：今天我们学会了什么本领？

（学生回顾：自觉排队，整齐有序，不插队、不占位、不推挤。）

师：这节课大家都表现得很棒，为了奖励大家，老师给每个同学盖上"小军人"红章。

（学生上台盖章。）

师：盖好小红章的同学给自己鼓掌，因为我们已经成为一名会自觉整齐排队的文明小公民。

师：同学们，大雁飞行靠的是整齐有序的"路队"和团队的协助鼓励。

我们一起来学学大雁飞。（演练 1—2—3—4—5—6—7—8 大雁飞）

师：生活中处处需要我们遵规则，守秩序，希望大家能用自己的行动告诉周围的每一个人，号召身边的每一个人，一起来做文明人！用我们有序有礼的良好习惯带动家人，自觉遵守公共秩序，影响他人！

师：翻开《我好棒！ YOYO 入学践行册》第 5 页——"自觉排队文明小公民"评价记录表页面。

\multicolumn{8}{c}{"自觉排队文明小公民"评价记录表}
星　期	一	二	三	四	五	六	日
出操跑操							
上下楼梯							
食堂就餐							
图书馆借书							
放学表现							
校外表现							
合　计							
\multicolumn{8}{l}{注：若能做到请在相应的表格中打"√"。}

评价标准：①前五栏为校园必做栏，每天的排队情况由该项管理员负责评价，做到的在空格里打"√"；②最后一栏为家里与社区表现附加栏，在家里和社区能做到排队有序有礼的，由家长在相应空格里签名，并打上"√"；③一周里"必做栏"全打"√"，就奖励"自觉排队日"标识一枚，获四枚"自觉排队日"标识的就被评为"自觉排队文明小公民"。

师：就要下课了，老师给你们准备了一个神秘礼物。

（学生打开礼物。）

师：是什么？对，一个"自觉排队日"标识。恭喜你们，在开学第一天就通过努力获得一枚"自觉排队日"标识，相信你们一定都能成为"自觉排队文明小公民"！记得将"自觉排队日"标识贴在"自觉排队文明小公民"评价记录表下面哦！

【设计意图】最后送给孩子们一枚"自觉排队日"标识，鼓励孩子们今天的良好表现。当然，对学生的教育并不是一蹴而就的，需要延续到平时的学习生活中。用神秘礼物调动学生的积极性，激励学生在生活中争做"自觉排队文明小公民"，并以自己的行动去带动家人，影响他人！

效果观察

路队整齐看似是一件容易的事情，通过本课的学习，学生了解到原来平时路队排列有这么多的讲究，能快速排好整齐的路队是一件多么棒的事情！很多孩子被阅兵所震撼，被生活中的意外事故所触动，深刻体会到遵规则、守纪律是做一位合格"小公民"的首要标准，更是迈向成功的第一准则！

小朋友们通过观看视频、观察图片、参与游戏等方式学会了如何又快又齐又静地整齐排列路队，认识到了路队整齐的重要性。在接下来的出操、放学路队中，学生们更加重视路队的快、静、齐，进一步认识到路队整齐的规范要求与重要性，矫正了路队方面的不良行为，初步养成了自觉遵守路队纪律的良好习惯，争做文明学生。

活动建议

这节课的设计，素材丰富、形式多样，为了让学生更好地养成路队好习惯，在教学中可以注意以下几个方面：

（1）第一板块，以游戏"大雁飞行"为切入点，先让学生对"拥挤的路队"有个直观的感受，再抛出问题"怎样才能欢快地玩游戏"，激起学生思考问题的欲望，从而为接下来的活动做好铺垫。

（2）第二板块，重点在于对排好路队的重要性有充足的认识。活动中，通过观看新闻、观察图片，引导学生对问题进行思考。在选取新闻事例和图片上要体现典型性、代表性。当然，这些素材对新生来说，可能比较难以理解，老师要加强引导，使学生对于路队整齐的重要性有一个较为深刻的认识。

（3）第三板块，是重点部分，让学生进行排好路队的实践演练。先利用小游戏让学生习得路队快速整齐排列的方法，再尽可能创造机会带领学生到操场、校门口、楼梯口等地进行实践演练。尤其是让学生深刻记忆前后队友，不站错队。

（4）为了进一步巩固放学、出操等路队排列，"自觉排队文明小公民"评价记录表可以作为日常评价来使用，帮助学生形成良好的路队排列规范，主动自觉快速地排好路队。

本课设计参与者：浦叶琳　郑雷琦　高飞

第六节　校园礼仪，从我做起

活动背景

礼仪，是社会交往活动中重要的行为规范。对于学生来说，在校的礼仪体现了一名学生行为规范的情况，也是学校文明礼仪教育的一种展现。上下课的问好礼仪，体现着师生的礼貌与相互尊重；进出校门礼仪，体现学生的良好文明修养。这短短一瞬间，简单的一招一式，呈现了一个人的行为素养、道德品性：或是彬彬有礼、温文尔雅，或是举止粗俗、自私自利，细微之处，一览无余。因此，对学生进行上下课、进出门礼仪的训练，是必不可少的一项礼仪教育，是学校需要常抓不懈，以促进学生养成良好礼仪规范的一项重要工作。

活动目标

（1）让学生明白校园行礼的意义，懂得上下课及进出校门该怎样行礼。

（2）让学生在礼仪练习过程中，感知养成文明礼仪的迫切需要，学会让自己的举止更加文明。

（3）引导学生学会校园礼仪的基本规范，能够在上下课、进出校门正确礼貌问好，并能一以贯之地落实到日常行为中去。

活动准备

收集上下课问好、进出学校礼仪的知识、图片、视频、音频，拍摄进出学校规范礼仪视频。

活动过程

第一板块：上下课问好礼——学礼

1. 上课礼仪，我来学

师：同学们，你们知道上课时老师与小朋友们的问好是怎样做的吗？

（学生回答。）

师：我们来看一个大哥哥大姐姐们上下课的视频。

播放小视频《上课问好》：同学们在安静地等待上课，一个个坐姿挺拔，老师说"上课"，班长喊"起立"，同学们整齐地喊"站，如松"，老师喊"同学们好"，同学们鞠躬喊"老师，您好"，老师鞠躬说"请坐下"，学生喊"坐，如钟"，坐下后双手放整齐。

师：小朋友们，谁能说说这里有几个步骤？该怎么做？

（学生交流汇报。师生共同练习。）

2. 下课礼仪，我会做

播放小视频《下课道别》：老师说"下课"，班长喊"起立"，同学们整齐地喊"站，如松"，老师喊"同学们再见"，同学们鞠躬喊"谢谢老师，老师再见"。同学们收拾桌面，离开时把椅子推到桌子底下。

师：小朋友们说说，跟上课时有什么区别？

（学生交流汇报。师生共同练习。）

【设计意图】学习上下课礼仪，利用高年级的视频调动学生观察的积极性，然后集体练习，简单易学，学生掌握起来非常轻松。因为之后每节课都会重复，无需过多练习。本课从最基本的课堂问好礼仪开始，学生掌握后，会更有兴趣地参与到校园礼仪的学习当中。

第二板块：进校门招呼礼——懂礼

1.进校之前，说再见

师：小朋友们很棒！学习了上下课问好礼仪之后，想不想学习上下学的礼仪呢？

生：想。

师：那我们一起去看看学校的小朋友们进校园时是怎么做的。

播放小视频《说再见》：小 A 蹦蹦跳跳去上学，当小 A 的爸爸把小 A 送到校门口时，小 A 转过脸，挥着手大声地和爸爸说再见，爸爸也回应小 A，小 A 爸爸站在校门口目送小 A 进校门。

师：小 A 去上学，你觉得她哪里做得特别好？

生：她和爸爸说再见了。（板书：说再见）

师：是啊，无论刮风下雨，爸爸妈妈、爷爷奶奶们总是呵护着我们，我们要感谢爸爸妈妈一路的陪伴。所以，每天早晨爸爸妈妈或者爷爷奶奶送我们上学，一定要记得和他们说再见呢！

（师生角色扮演，和爸爸妈妈挥手说再见。）

2.进校礼仪，知多少

播放小视频《进校礼仪》：上学时间，小朋友们纷纷入校，有的同学入校前先整理自己的衣服、红领巾，进入校门时向同学、老师鞠躬问好，有的直接进入学校，有的则三三两两追跑着进入校园，衣服凌乱，红领巾佩戴也不规范。

师：视频中的同学们，都在干什么呀？

生：他们在向老师、同学鞠躬问好呢！

师：还发现了什么？

生：还发现了有些同学没有打招呼。

师：发现没有打招呼的人，你有什么感受呀？

（生纷纷表示：他们显得没有礼貌，不尊敬老师和同学！不仅没有礼貌，衣服也没有穿好，红领巾也没有戴好。）

师：（引导小结）进校礼仪要做好，"整着装、鞠个躬、问声好"（板书），见到礼仪岗服务队的同学说"同学好"，见到老师说"老师好"。

师：小朋友们，我们的进校礼仪包括——

生："说再见、整着装、鞠个躬、问声好"四个方面。

3. 进校礼仪，我能行

（1）看图片：整着装。

师：同学们，图上的小朋友怎样整着装呢？

生：扣好扣子，拉平衣服，戴好红领巾，背正书包。

（出示更多整装图。学生之间互相整理整理衣服，同伴相互纠正。）

（2）观视频：鞠个躬。

师：看见老师，我们常常鞠躬问好，你们知道鞠躬是什么意思吗？

生：对老师的尊敬。

师：鞠躬还有许多小秘密呢，我们一起看视频（略）。

师：（小结）进校行礼弯腰鞠躬，大腿并拢、手并于大腿两侧、上身向前弯曲45度。

（师生相互示范。）

（3）听音频：问声好。

（播放两段音频："老师/同学，早上好"，一段声音洪亮、铿锵有力，一段没精神、声音很轻。）

师：同学们，如果你是老师，会喜欢哪位小朋友的问候呢？

（生讨论。）

师：听着声音，我们仿佛都能看到这位同学的微笑呢！他的声音太有吸引力了。

师：（引导小结）问候时，要声音响亮、自信微笑。喊"老师／同学"时不鞠躬，说"早上好"时再鞠躬。

（4）共模拟：进校礼。

情景模拟进校礼仪，四人合作表演家长、孩子、值日老师、值日同学。

请三组上台表演。

【设计意图】礼仪素养的培养，需要时时刻刻和时时处处的引导、提醒、训练、监督检查。通过看图片、观视频、角色扮演等多种途径，让学生掌握进校的基本礼仪，使训练变得有趣而不枯燥乏味，努力让孩子有教养、知礼仪。

第三板块：出校门集体礼——达礼

1. 出校礼仪，我知晓

师：刚刚同学们学习了进校礼仪，出学校礼仪又是怎样的呢？

（出示图片："出校礼仪"幼小对比。）

师：上了小学，我们放学和上幼儿园时很不一样，你们看，发现了什么？

生：小学放学要排队，幼儿园放学则是爸爸妈妈直接来教室里接。

师：是啊。下面我们继续来聊聊进出校门的礼仪。

2. 出校礼仪，我能做

师：让我们一起看一下大哥哥大姐姐们的出校礼仪。

播放小视频《出校礼仪》：两列队伍来到校门前，领队学生喊"全体立"，全体学生双脚并拢、双手贴裤缝喊"正"，领队学生喊"向前看"，全体学生双手平放胸前喊"齐"，领队学生喊"向左向右转"，两列学生相互鞠躬喊"同学再见"，转向前鞠躬喊"老师再见"，向校门方向挥手喊"保安叔叔再见"。

（学生交流，引导发现：整好队伍，向老师、同学、保安叔叔鞠躬、挥手再见。全体演练。）

3. 出校礼仪，我能断

师：这样做好不好？

（出示图片：一男生歪戴着帽子跑出学校；小红在校门口碰见爸爸来了，没有完成离校礼仪，就跑向爸爸，牵着爸爸的手离开了；放学了，两个男生落在队伍的后面，在门口假装没看到老师就出校了；小明跟着队伍，左手拿着文具袋，右手拎着颜料盒，一件外套还搭在手上。）

师：请小朋友们判断这样做好不好，为什么？应该怎样做？

（学生讨论，交流汇报。）

【设计意图】学生在已经学习了进校文明礼仪的知识的前提下，继续学习出校礼仪，相对来说更容易些。通过让学生讲讲自己看到学校的哥哥姐姐们出校园时是怎么做的，感知出校礼仪的点点滴滴。让学生观察图片并评判，知晓离校时应该怎么做，不应该怎么做，从而进一步巩固出校礼仪。

第四板块：学做礼仪之星——有礼

1. 校园礼仪歌，我熟知

师：小朋友们，刚刚我们一起了解的校园礼仪知识，我把它整理成了一首歌，我们一起念一念哦！（出示校园礼仪歌《礼仪花儿朵朵开》）

啦啦啦，啦啦啦，我是文明的小使者。

父母之恩不能忘，送到校门说再见。

整理衣裳精神爽，鞠躬弯腰早上好。

上课问好"站如松"，坐下就要"坐如钟"。

下课行礼"谢老师"，书包理好真轻松。

放学排队静齐快，挥手说声再见啦！

我是文明的小使者，啦啦啦，啦啦啦！

2. 礼仪践行卡，我争取

师：在接下来的日常学习中，同学们每天都要像我们今天学习的一样，做好进出校礼仪，做一个有礼貌、有礼仪的文明小学生。请同学们翻开《我好棒！YOYO 入学践行册》第 6 页——"校园礼仪"践行卡页面！

"校园礼仪"践行卡		
项目（具体内容）		我做到啦！
着装 得体	头发身体，没有异味。	☆ ☆ ☆ ☆ ☆
	衣服干净，拉链拉上，纽扣扣上。	☆ ☆ ☆ ☆ ☆
	不穿拖鞋、背心，不内衣外穿。	☆ ☆ ☆ ☆ ☆
举止 有礼	见面微笑，45 度鞠躬。	☆ ☆ ☆ ☆ ☆
	站如青松，坐如洪钟，行如微风。	☆ ☆ ☆ ☆ ☆
	排队快、静、齐。	☆ ☆ ☆ ☆ ☆
言辞 文明	和爸爸妈妈离别，说再见。	☆ ☆ ☆ ☆ ☆
	能和老师、同学、保安叔叔问好。	☆ ☆ ☆ ☆ ☆
	问候声音响亮、自信。	☆ ☆ ☆ ☆ ☆
①做到一项，就得 1 颗礼仪之星； ②看看这周，我得多少颗"☆"，满 40 颗将获得"礼仪小达人"星一枚。		

【设计意图】从知到行，需要一个践行的过程，要把学习到的礼仪知识、内容、技巧，落实到行动中去。本环节通过梳理朗朗上口的校园礼仪歌，利用"校园礼仪"践行卡落实行动，促进孩子们从点滴做起，从每天做起，并以"做即奖"的方式，让孩子们去积累奖励，积累礼仪，以达成学而有效。

3. 礼仪大练兵——我行礼

师：小朋友们，接下来，我们一起去练习进出学校的礼仪哦！

• 模拟放学——模拟进校，检测放学、上学礼仪达标情况。（礼仪达标的同学可得一朵礼仪之花贴贴纸。）

• 课后，真实放学，评测、激励每一个学生。

【设计意图】进出校园礼仪教育要与实践相结合，强化训练。在实践阶段力图用学生喜闻乐见的方式开展训练活动，让模拟走向真实，在实践中锻炼学生的礼仪能力。校园礼仪练习的过程，体现了学生对文明的追求，对真善美的追求。

效果观察

上下课问好，进校出校问好，不过是学生每天的日常行为之一，但也藏着许多礼仪的规范，是校园礼仪的一个重要组成部分。

同学们在形式多样的讨论、交流与有趣的实践中了解了进出校礼仪的规范。学习过后，一年级学生有了很好的进出校礼仪意识，能够主动养成校园礼仪的良好习惯，并延伸到每天的日常礼仪中去。

活动建议

这一节课的设计，素材丰富、形式多样，为了让学生更好地了解、实践校园礼仪，在教学中可以注意以下几个方面：

（1）第一板块，相对较为简单，可以根据自己学校课堂问好文化进行问好的训练。

（2）第二板块，重点在于学生对进出校礼仪的了解与实践。教学示例的选取要有代表性，能引发学生的思考。在交流时，注意以学生的思考表达为主，教师引导为辅。在学生对礼仪充分了解的基础上，应该关注学生的实际，将角色扮演的环节充分落实，使学生充分知晓进出校礼仪的正确规范。

（3）第三板块，重点在于出校礼仪的实地实践，应尽可能地创造机会带领学生到校门口进行实践，通过小组分练、全班共练等形式，使每位学生都有练习的机会。

（4）为了进一步巩固进出校礼仪规范，可进行"礼仪标兵"的评比，鼓励学生养成良好的规范，主动保持良好礼仪。

本课设计参与者：吴俊丽　骆雨倩

第二章

校园学习会

第一节　学会上课，我们能行

活动背景

　　进入小学已经第二天了，对于刚刚进入学校的孩子来说，有很多规范发生了变化，孩子需要继续学习和适应新的基本规范。第一次正式上课，有效地让孩子们了解课堂的规范和细节，建立一个最初的上课概念，是非常重要的。对于一年级学生来说，借助一个情境来唤起他们的感悟，可以避免简单说教带来的无趣。绘本《大卫上学去》提供了较好的素材，里面"绘声绘色"地描述了大卫第一天上课状况百出。本课借助绘本阅读，引导孩子们观察图片，使其以旁观者的角色来审视大卫，对内容进行猜测和评判，从而启迪他们明白上课可以做什么，不该做什么。这节课，既开启校园学习的序曲，也为后面的学习做铺垫，更为遵守学校规范的学习打下良好的基础。

活动目标

　　（1）带领学生了解上课的基本规范，明白上课的时候应该做什么，不该做什么，以及如何去做。

　　（2）借助故事情境，启迪学生认识到上课规范的重要性，培养学生热爱上课的情感，使他们懂得怎样做才能成为一名遵守课堂规范的小学生。

　　（3）让学生养成良好的上课习惯，不仅自己能做到好好上课，还能做到同桌、前后桌同伴之间相互监督。

活动准备

PPT 和绘本。

活动过程

第一板块：谈话导入，揭示任务

1.通过谈话，初识大卫

师：（出示大卫的图片）谁认识他呀？

生：他是大卫。

师：你们是从哪里认识他的？

生：我看过绘本《大卫，不可以》。

生：我在幼儿园里读过绘本《大卫惹麻烦》。

生：爸爸给我读过绘本《大卫上学去》。

师：你们觉得他是个怎样的孩子？

生：调皮、捣蛋、爱惹麻烦……

师：既然认识，那大家跟他打个招呼吧！

生：Hello，大卫。

2.揭示任务，激发兴趣

师：现在的大卫，和你们一样，是一年级小学生啦！今天，老师带领大家一起去看看这个有趣的故事《大卫上学去》（出示封面）。

【设计意图】对于绘本人物大卫，很多孩子可能并不陌生，而且很多孩子可能已经读过《大卫上学去》的绘本故事。因此，在第一个环节中，利用简单的谈话，通过图片切入帮助所有孩子认识大卫，迅速进入到绘本故事的情境中来。

第二板块：感知故事，了解规范

1. 创设情境，进入故事

师：上学以来，老师要我学会好多东西哦！可是，好多我老是忘。现在你们就来做我的老师好了，陪我一起温习一下。（出示扉页）

生：（齐读）大卫，不可以！不可以大叫。不可以推人。不可以在走廊上奔跑。

师：（做苦恼状）哎呀，好多不可以呀！老是记不住。这不，一天的生活又要开始了。

2. 阅读故事，明晰规则

（1）绘本第一页：上课不迟到。

师：早晨，妈妈很早就开始叫我起床了，可是昨晚没听妈妈的话，睡得太晚了。唉，起不来！路上又跟卖水精灵的老奶奶聊了一会儿。这不，当我推开教室门的时候，发现小朋友们都坐得那么端正。老师生气地瞪了我一眼，说……

生：（齐说）大卫！你迟到了！

师：（低下头模仿大卫）哦！我知道，下次会早点的。

师：同学们！你们觉得大卫应该怎么做呢？

生：早早睡觉。（师板书）

生：按时起床。（师板书）

生：路上不贪玩。（师板书）

（2）绘本第二页：课堂不走动。

师：数学课上，老师写在黑板上的题目太简单了，2+2=4，耶！做对了！正当我高兴时，老师转过头提醒得意的我……

生：（笑着大声说）大卫，回去坐好！

师：（模仿大卫耷拉着脑袋）坐好就坐好！

师：你们觉得大卫哪里错了呢？

生：上课时，不能随意离开座位。

生：要坐在自己的座位上。

师：是啊！（板书：坐自己座位上，不能随意走动）

（3）绘本第三页：上课不吃东西。

师：咦，口袋里还装着一块口香糖呢。（边说边模仿把口香糖拿出来放到嘴巴里）反正无聊，那就吃掉吧。唔，真好吃。口香糖还很好玩呢，能拉成长条，还能吹泡泡呢。我玩得正高兴呢。老师又大声地说了一句……

生：（大笑着齐声说……）上课不可以吃口香糖！

师：（做没听清楚状，下去问孩子）老师，你说什么？

生：上课不可以吃口香糖！

师：老师，我还是没听清楚。

生：（大声地说）大卫，上课不可以吃口香糖！

师：好吧，我吐掉。

师：大卫哪里做错了？

生：上课不能吃口香糖。

生：上课不能吃东西。（师板书）

（4）绘本第四页：发言先举手。

师：这节课我决定要好好表现了——积极回答问题。呀，这个问题我拿手，让我来吧。老师没叫我，是不是没有看见我？站高点！"老师，我知道……"刚要说出答案，老师很不高兴地提醒我……

生：（齐说）大卫，要先举手！

师：（低下头）哦，知道了。上课回答问题要先举手，像旁边的同学一样。

师：大卫哪里做错了？

生：发言前要先举手，经老师同意再发言。（板书）

（5）绘本第五页：不弄脏同学。

师：最喜欢的美术课终于到了。看我的新画法：一只手涂成红色的，一只手涂成绿色的。呀，真想看看印在衣服上的效果，试试吧。（装作要把手印到小朋友的身上）这时，老师大声地说……

生：（大声说）手不要乱碰！

师：哇！吓了我一跳（孩子们哈哈大笑）如果要是印上了，小朋友肯定会哭鼻子的吧，还是洗掉好了。

师：大卫哪里做错了？

生：不应该把颜料涂得满手都是。

生：不应该把颜料弄到同学身上。

生：应该在纸上画画。（师板书）

（6）绘本第六页：上课要专心。

师：最后一节课了，肚子好饿哦！午饭会吃什么呢？哦，你们看，外面的白云像不像正在恐龙大战？究竟哪只最厉害呢？正当我想得入迷的时候，老师的声音又在我耳边响起……

生：注意听讲！

师：大卫哪里做错了？

生：上课不能想其他的事情。

生：上课要专心听讲。（师板书）

师：是啊，上课的时候要专心听讲，这样才能学到更多的知识。

（7）绘本第七页：吃饭要排队。

师：哇哦，午饭的时间到了。我在后面等了好久都没有轮到我，干脆去前面好了。刚走出来两步，老师一边舀饭菜，一边说……

生：大卫，排队去！

师：小朋友好像也不高兴了，那我再回去吧。

师：大卫很苦恼，他到底哪里做错了呢？

生：吃饭没有排队。

生：你插队，别的小朋友会不开心的。

生：没有遵守秩序。（师板书：排队）

（8）绘本第八页：吃饭不打闹。

师：午饭真好吃！吃得正香呢，前面不知道谁扔过来一片菜叶。真烦人！我可不能认输，还给他一个西红柿。呀，不好，扔到他脸上了……正打得不可开交时，老师生气了，她不听我解释……

生：（大笑）我不管是谁先开始的！

师：唉，倒霉。早知道被罚打扫餐厅我就不这么干了。其实，我不理他

就没事了。唉……（生大笑）

师：大卫哪里做错了？

生：不应该乱扔饭菜。

生：吃饭时不应该和同学打闹。（师板书：吃饭不打闹）

师：吃饭的时候，我们要遵守规则，不仅不能打闹，还要能做到安安静静地吃午餐。

师：（小结）一上午的学习生活结束了，你们给这个时候的我打多少分呢？为什么？

生：我给你打零分！

师：为什么啊？

生：因为你上课迟到。

生：因为你上课不专心。

生：吃饭插队，还打闹。

……

（9）绘本第九页：上课及时回教室。

师：小朋友们给我打这么低的分我还不知道呢。瞧，我在操场上玩得正高兴呢。（生笑）老师站在门口喊我……

生：大卫！已经开始上课了！

师：好的，我马上回去。

师：大卫哪里做错了？

生：上课了，要及时回到教室，不能再玩了。

师：听到上课铃声，在教室里的同学，我们要快速安静下来。如果你在教室外面，要快步走进教室。大卫说：老师，我知道了！铃声响了，好着急啊，快跑啊！你觉得可以吗？

生：不可以。会摔跤的。

生：会撞到别人的。

师：那我慢慢来吧！可以吗？

生：不可以。因为已经上课了。

生：老师和小朋友已经在等我们了。

师：可以提前回来，或是听到铃声，快步回教室，安静地在自己的座位上坐下来。

（10）绘本第十页：阅读时不出声。

师：这节是我最讨厌的阅读课，四周一点声音也没有，真没劲！咦，旁边有铅笔，就拿它练练我刚学过的架子鼓吧。啦啦啦……唱得正起劲，旁边的同学……

生：（用手指放在嘴上）嘘——

师：什么？

生：嘘，嘘，嘘——

师：哦，不好意思，打扰到别人了。

师：大卫哪里做错了？

生：不能在阅读的时候发出声音。

生：会影响别人看书的。

师：阅读时，我们要保持安静。

（11）绘本第十一页：下课完成该做的事。

师：哎哟喂，老师，我憋不住了，想尿尿。老师无奈地说……

生：（大笑）又要去？！

师：（不好意思）对不起嘛，我以后下了课一定先去尿尿再玩。

师：为什么大卫上课老是想去厕所呢？可能是因为什么？

生：一下课就和小朋友去玩了。

生：下课没有去上厕所。

生：可能水喝太多了。

师：下课后，先做好三件重要的事：一是准备下一节课的学习用品，二是上厕所，三是喝水。然后再痛痛快快去玩耍。

（12）绘本第十二页：不在桌子上乱涂画。

师：找个大一点的地方画画吧。好，就在桌子上！我画只小狗汪汪叫，画颗星星闪啊闪，还没画好飞船呢，老师从我旁边冒出来说……

生：怎么乱涂画！这样吧，大卫同学！放学以后你留下！

（13）绘本第十三页：乐意帮助别人。

师：唉，原来是擦桌子呀。我的桌子擦干净了，顺便擦一下其他人的吧。我把椅子放整齐，擦得干干净净。老师笑眯眯地问我……

生：大卫，做完了吗？

师：做完了！呼，老师终于表扬我了，还奖励给我一个颗小星星，说……

生：做得很好，大卫！

师：好高兴啊。老师说……

生：现在你可以回家了。

师：带着小奖章，我高高兴兴回家去了。

师：（小结）一天的学习生活又结束了，你们给这个时候的我打多少分呢？为什么？

生：我给你打 0 分。

师：为什么？

生：因为你老是违反纪律，还打扰到其他小朋友。

师：哎呀，我已经知道错了，我会努力改正的。

生：我给你打 80 分。因为上午你虽然表现不好，但是下午表现还可以，希望你以后继续努力。

师：那我会好好表现，争取让你给我打满分。

生：我给你打满分。

师：是吗？我好高兴啊！

生：虽然你上午表现不好，但是你能及时改正错误，而且帮小朋友把椅子和桌子都擦干净，所以给你满分。

师：谢谢你的鼓励，我会再接再厉的。

师：如果你做了不该做的事，只要像大卫一样努力改正，就仍然是棒棒的小学生！

【设计意图】这部分是重点内容，通过绘本《大卫上学去》，展现学校里可能发生的各种各样的状况，涉及课内外常规的方方面面。因此，设计中没有过多涉及绘本阅读的方法，而是把重点放到常规引导上来。通过师生合作来表演故事的方式，帮助孩子了解故事中大卫遇到的每一个状况，通过评价了解在学校里应该遵守哪些规则，并在最后了解到帮助他人是可以得到表扬的，从而正面强化孩子们的向上意识。

第三板块：评价自己，明确目标

1. 再读故事，明确规则

师：我们已经是小学生了，在学校里有些事情可以做，有些事情不该做。现在我们再来读一遍故事，这一次请你们自己读，边读边想，哪些事情我们不能做，应该怎么做。

（学生阅读。）

师：谁能来说一说？（按顺序播放图片）

（学生交流。）

2. 对照故事，评价自己

师：故事里说到的这些规则，哪些你做得很好？

（学生自我评价。）

师：哪些方面你做得不够，你打算怎么做呢？

（学生小组内交流。）

【设计意图】第二板块非常紧凑地阅读绘本故事，给学生思考和反思的空间较少，需要再读绘本，给孩子一个独立阅读和消化内容的机会，促进自我审视、自我反思。同时，让学生对照故事，评价自己，可以帮助孩子树立明确的目标，同时也明晰自己在哪些方面可以改进。

第四板块：落实行动，评价促动

师：读了绘本《大卫上学去》，我们知道了作为小学生应该遵守哪些规则。那就让我们来一次遵守规则大挑战吧！

请同学们翻开《我好棒！YOYO入学践行册》第 7 页——"规范小明星挑战书"（见下页）页面，让我们对自己的行为进行一次评价，做得好的打☆，需要改进的打△。今天做不到，明天继续努力，直到做到为止，看谁最先成为"行为规范小明星"。

规范小明星挑战书	
规范内容	我做到啦！
按时到校	
课前准备好学习用品	
遵守课堂纪律	
上课专心听讲，不做小动作	
发言先举手	
午餐时安静排队就餐	
课间上厕所喝水，不奔跑	

"行为规范小明星"申报卡及喜报：

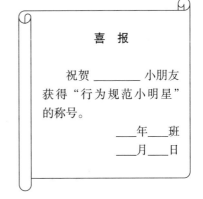

我要申报
行为规范小明星

申报陈述：

1. 我获得的"☆"有 _____ 个。我是（超级　优秀　进步）小明星。

2. 我对自己的上课规范行为评价是（非常文明　文明　较文明　还需努力）。

申请人 _____

日　期___月___日

喜　报

祝贺 _____ 小朋友获得"行为规范小明星"的称号。

___年___班

___月___日

回家作业：请把《大卫去上学》的故事说给爸爸妈妈听，说说在学校里不该做什么，应该怎么做。

【设计意图】晓之以理，动之以情，最后还是需要落实到行动中去。借助"行为规范小明星"的评比，帮助孩子把懂得的规范更好地落实到行动中去。目标由小到大，从每天的每一项，到每一天的所有项目，再到一周的评价，从易到难，帮助孩子更好地达成养成良好规范的目标。

效果观察

对于刚入学的孩子，课堂常规的了解及遵守是后续学习正常开展的重要保障，也为后面遵守更多学校规范打下了良好的基础。

绘本人物大卫，是孩子们感兴趣的，在生动的故事情节感染下，孩子们对于课堂常规有了初步的了解，并能准确判断课堂行为的对和错，因此也能将各项常规较好地落实到实践中。当然，要求每一位学生时时刻刻遵守每一项课堂规则有一定的难度，在常规养成过程中，"行为规范小明星"的评比起到较好的约束和激励作用。一周一次评比和总结，让学生感受到激励和来自集体的约束，同时，每天都是新的，给每一位学生重新开始的机会。从连续几周的总结中可以看到，几乎每一个学生都在进步，一个月下来，整个班级的课堂常规的养成初见成效。

活动建议

这一节课的设计，内容有趣，形式多样。为了帮助学生更好地遵守各项课堂常规，建议作以下几方面的改进：

（1）第二板块中，对于大卫的行为可以让学生来充分评价对错，给大卫提出建议，这有利于学生之后遇到相同问题时找到解决办法，做到知行合一。

（2）第三板块重点在于让学生清楚自己做到的地方，明确改进目标，在评价中需要进行正面积极引导。教师可以搜集一些学生常规良好的素材，如视频、照片等，便于学生学习和模仿，同时也营造了积极健康的班级氛围。

（3）第四个板块，要让每一个孩子积极行动起来，充分利用评价及时反馈，尤其是表扬，要大张旗鼓。另外，评价周期宜短不宜长，在孩子难以坚持时，及时进行评价调整，帮助他们坚持，促进每一位学生良好课堂常规的养成。

本课设计参与者：李敏霞

第二节　坐姿正确，我们最棒

活动背景

叶圣陶曾经说过："教育是什么？往简单方面说只需要一句话，就是培养良好的习惯。"作为初入课堂的学生，需要培养规则意识，如坐姿正确、懂得倾听、正确举手、发言规范等，它们关系到学生今后的课堂学习及效率。良好的规则意识，也是学生获得身心健康成长的必然需要。

活动目标

（1）让学生充分认识到"课堂上良好规则意识"的重要性，通过观看图片、微课等方式知道上课的具体要求：发言前要举手，举手动作要规范，学会正确的握笔姿势和写字姿势。

（2）以"我会跟你这样做"的游戏为载体，让学生在辨析、讨论、游戏、实践等活动中，乐于学习课堂常规。

（3）让学生能从最简单的坐姿正确和正确举手开始，学会基本的倾听、发言、写字等课堂常规，能正确地做，并持之以恒。

活动准备

提前录音，制作 PPT，准备好小视频。

活动过程

第一板块：YOYO 要来看一看

师：小朋友们，上节课我们读了绘本《大卫上学去》，学习了很多本领。现在，老师想请另一位好朋友来到课堂，是谁呢？（出示校园吉祥物——YOYO），还记得这位朋友吗？

生：记得，这是 YOYO。

师：YOYO 今天好激动，你们猜猜 YOYO 来看什么？

生：YOYO 看我们上课的表现。

生：YOYO 看我们表演节目。

师：哈！刚刚有小朋友说对了，YOYO 今天要来小朋友的课堂，看一看小朋友的上课状态，看看哪位小朋友表现最好！

（学生坐得更端正了。）

师：真棒！YOYO 看到小朋友们坐得这么端正，肯定很喜欢你们！

【设计意图】在学习了《大卫上学去》之后，小朋友们对课堂有了一个初步认识，可真正的课堂并非小朋友们"想当然"的那样，而是需要树立正确的规则意识。引入 YOYO 的形象，充分调动小朋友们的积极性，小朋友们会好奇真正的课堂是什么样的；从而为下一个环节的教学做好情感铺垫。

第二板块：YOYO 请我说一说

［出示 YOYO 的形象，以 YOYO 的口吻（提前录音）进行教学。］

YOYO：小朋友们，在幼儿园的课堂上，你们是这么坐的吗？

（学生摇了摇头。）

YOYO：那我要先考一考你们，你们觉得幼儿园和小学有什么不一样吗？

生：小学教室里有桌子。

生：小学老师比幼儿园的多。

生：上课要举手，不能随意走动。

生：小学的饭菜比幼儿园的好吃。（哄堂大笑，引起共鸣。）

YOYO：小朋友们说了好多好多的不一样，恭喜你们通过测试，那赶紧跟着我一起去看一看大哥哥大姐姐们在教室里是怎么上课的吧。

播放小视频《上课问好》：同学们在安静地等待上课，一个个坐姿挺拔，老师说"上课"，班长喊"起立"，同学们整齐地喊"站，如松"，老师喊"同学们好"，同学们鞠躬喊"老师，您好"，老师鞠躬说"请坐下"，学生喊"坐，如钟"，坐下后双手放整齐。

师：小朋友们看过这个视频了，也能正确问好了，对吧？
生：是的。

视频继续：教师正式开始上课，提问，小朋友们举手回答，得到老师的许可后，起立回答问题。

YOYO：小朋友们，看了大哥哥大姐姐们上课，你有什么发现呢？
生：大哥哥大姐姐们坐得很端正。（师板书：坐姿端正）
生：他们回答问题会举手。（师板书：回答问题先举手）
YOYO：没错，小朋友们都是火眼金睛，一下子就看出来大哥哥大姐姐们上课的情况，大哥哥大姐姐们很棒吧？
生：是。
YOYO：你们也会跟他们一样很棒哦！但我们要怎么做才能跟大哥哥大姐姐们一样呢？别急，继续看视频吧！

视频继续：学生自由朗读，师说"一二三"，生说"静下来"，师说"小嘴巴"，生说"不说话"。

YOYO：小朋友们，看到了什么？想不想一起来学一学？
（师生合作练习几遍。）
师：一二三。

生：静下来。

师：小嘴巴。

生：不说话。

【设计意图】利用视频，给孩子们一个初步感知，通过引导小朋友们说一说，使他们发现课堂的基本规范，如正确的坐姿、发言先举手等。然后，通过师生合作练习，让小朋友们更加直观地感受，激发他们的学习兴趣，初步感知上课规范。

第三板块：YOYO 请我做一做

1. 坐姿大挑战

师：现在 YOYO 带着我们去体验有规则的课堂，小朋友们想不想跟 YOYO 一起去挑战？

生：想。

YOYO：我这里一共有四关小挑战，顺利闯过四关的小朋友，就能得到我的一份小礼物哦！小朋友们，你们准备好了吗？

生：（跃跃欲试）准备好了！

YOYO：第一关——坐姿大挑战。

YOYO：小朋友们你们知道正确的倾听坐姿是什么样吗？拿出你觉得最正确的坐姿坐一坐吧。

（小朋友们调整坐姿，教师巡视，对坐姿端正的小朋友拍照记录。）

YOYO：哇，有些小朋友已经知道正确的坐姿了，我们快来看看是哪些小朋友已经知道正确的坐姿了。（借助希沃授课助手，教师将学生的坐姿情况拍摄后上传展示。）

YOYO：这些小朋友超级棒啊，一下子就能坐得这么端正。现在我们来玩一个坐姿小游戏，游戏名字就叫作"我来说，你来做"：小椅子坐一半；双腿放正并并拢；肩放平，背挺直；右手叠在左手上；眼睛正视前方。

YOYO：瞧，游戏做完，你们的坐姿都是最标准的！给自己鼓鼓掌吧！

（学生给自己鼓掌鼓励。）

YOYO：挑战正式开始，请你们用最标准的坐姿，坚持一分钟，请老师来当裁判，给坐姿端正的小朋友拍下美美的照片哦！

（挑战开始，PPT 上呈现倒计时一分钟，学生挑战，教师巡视并拍照。倒计时结束后，教师将照片上传到屏幕上，请学生仔细辨认上面出现了谁，大声叫出他的名字。）

2. 奥特曼式举手

YOYO：恭喜各位小朋友，顺利通过第一关。哇！谁来啦？（出示奥特曼）

生：哇！奥特曼。

（播放奥特曼录音：嗨！亲爱的小朋友们，我是奥特曼。大家一定知道我的招牌动作吧？）

生：奥特曼举手！

（播放奥特曼录音：这可是奥特曼式举手哦！想不想试一试？）

（学生尝试。）

YOYO：奥特曼式举手，让我来教你们小诀窍吧——右手压左手，指尖向上方。再试一试吧。同桌互相检查一下，看看谁还没有学会，赶紧教教他。

（看图模仿，同桌协助纠正。）

YOYO：第二关——奥特曼式举手，你准备好挑战了吗？

（教师提问，举手练习。全班通过，分组拍照奖励。通过儿歌进行总结：小脚，并并拢；小手，放放平；身子，坐得正；眼睛，仔细看；耳朵，专心听；说话，先举手。）

3. 望远镜式握笔

YOYO：哈哈哈，小朋友们真能干，我们来闯第三关喽！这一关，考验的是握笔姿势，请你们先拿出一支笔。

（学生准备铅笔。）

YOYO：我们这个握笔姿势可是有一个响当当的名字——望远镜式握笔。你们见过望远镜吗？

生：见过。（说的同时将手放在眼睛前做望远镜的姿势）

（全班一起做望远镜的姿势。）

YOYO：没错，我们的握笔姿势和望远镜很像，快来一起学一学吧。

（出示图片：右手先做一个"望远镜"；两指捏住笔尖部一寸左右的地

方；中指、无名指、小拇指都垫在铅笔下面；笔杆靠在中指骨节处。）

YOYO：小朋友们，学会了吗？还有小口诀哦：老大老二对对齐，捏在笔头一寸处；三四五指垫笔下，笔杆靠在凸出处。

（教师示范读，学生跟读，边读边做动作练习。）

YOYO：小朋友们准备好了吗？第三关闯关，开始。

（教师巡视，纠错，评价记录，给姿势正确的小朋友打星，姿势有问题的小朋友课后再持续关注。）

4. 松树式写字姿势

YOYO：握笔姿势记心间，若要写好一个字，写字姿势来帮忙。欢迎来到第四关——松树式写字姿势。我们先来学一学正确的写字姿势是什么吧！

播放小视频：欢迎来到 YOYO 写字小课堂，要想写好一个字，首先要有正确的写字姿势，头摆正、肩放平、腰挺直、脚踏实，我们还要做到三个一——一拳、一尺、一寸。请小朋友和我一起做一做！一拳就是胸离桌面一个拳头的距离；一尺就是抬起头，眼睛和本子的距离；一寸就是笔尖到握笔处两个手指的距离。小朋友们，学会了吗？

YOYO：谁有信心来挑战？

（请三位学生来挑战，第一位由老师点评，第二、三位由学生点评。然后进行集体挑战，同伴点评、纠正。）

YOYO：大家都学会了吗？赶紧拿起笔，来挑战吧，请在本子上用正确的写字姿势和握笔姿势，写一写自己的名字吧。

（教师巡视，纠错评价记录，给正确的小朋友打星，有问题的小朋友课后再持续关注。）

【设计意图】这一板块由四个部分——坐姿大挑战、奥特曼式举手、望远镜式握笔以及松树式写字姿势组成。用一个 YOYO 大闯关的情境将四个部分串联，让小朋友们在闯关游戏中学会正确的坐姿、举手姿势、握笔姿势以及写字姿势，做到了在玩中学，学中玩，充分调动了小朋友们的积极性。利用具有相似点的"形象物"来命名各种姿势，激发了小朋友们极高的学习热情。

第四板块：YOYO 请我辨一辨

YOYO：顺利过关的小朋友们，YOYO 想请你来当当小老师，看看下面这些姿势正确吗？（出示图片：正确坐姿；背驼了；靠在桌子上；脚放在桌子外边；握笔离笔尖没有一寸；举手站起来。）

（学生回答。）

师：（小结）松树式写字，要头摆正、肩放平、腰挺直、脚踏实，要做到三个一——一拳、一尺、一寸。望远镜式握笔姿势：老大老二对对齐，捏在笔头一寸处；三四五指垫笔下，笔杆靠在凸出处。奥特曼式举手，是不用举高的，而是右手压左手，指尖向上方。

YOYO：小朋友们太棒啦！一堂课下来，小朋友已经掌握了这么多的上课规则，真能干！光说不练可不行，在之后的上课过程中要记得用起来哦。今天通关成功的小朋友可以去老师那里领取奖品啦！

（教师发放奖励贴纸，盖奖励印章。）

师：请同学们翻开《我好棒！ YOYO 入学践行册》第 8 页——"正确姿势小明星"页面，让我们每天来对自己的行为进行一次评价，再汇集一周的评价登记在这里。

正确姿势小明星 做得好的打☆，需要改进的打△					
规范内容	第一周	第二周	第三周	第四周	第五周
坐姿端正					
奥特曼式举手					
望远镜式握笔姿势					
松树式写字坐姿					

【设计意图】这一板块的设计是将实践操作的内容以图片的形式呈现，将一些常常会出现的问题情况提前呈现在学生面前，请他们参与纠错。这个过程，是对规则意识的再一次强调。让孩子来"当老师"辨一辨，孩子们很感兴趣，能将注意力再一次集中到课堂学习中来。

效果观察

通过这节课，小朋友们的上课规则意识明显加强。最明显的进步是上课举手发言这个部分。在上这节课之前，上课插话、随意发言的现象比较多；上完这节课后，小朋友们知道在上课开口说话之前，要先出发信号，尤其是奥特曼式举手，小朋友们非常感兴趣。在下课交流的时候，有时也能看见小朋友们之间用奥特曼式举手来交流。

活动建议

如何让看似稀松平常，实则非常关键的上课常规引起学生重视，并在之后的课堂中有所提升呢？建议如下：

（1）第一板块：平时上课主要有两大角色——教师和学生，对于刚刚入学两天的孩子来说，"说教"的内容很无趣，所以要引入一个新的角色来激发学生的兴趣。可以根据每个学校自身的特点，用吉祥物或是有代表性的卡通人物来串联整堂课，这是一个很好的选择。

（2）第二板块的"幼儿园生活"属于学生熟悉的领域，"小学生活"属于学生未知的领域。将"未知"与"已知"进行对比，旨在活跃课堂氛围，让学生迅速融入到课堂中去。简单列举不同之处即可，不宜过分展开，以免拖沓。

（3）第三板块是整堂课最核心的部分，内容也最为充实。在这一板块的实施过程中，老师要注意时间的把握，将理性讲解与实践操作巧妙结合起来，避免出现讲得过多，练得太少，或是还未讲清楚，就开始动手实践的现象。

（4）第四板块是一个检测反馈的过程。老师平时要做一个有心人，将学生的一些照片记录下来，比如不正确的坐姿、不正确的握笔姿势等。在这一环节，用上自己班级小朋友的图片，上课效果会更好。

本课设计参与者：吕婷

第三节　文明如厕，我能做到

活动背景

文明如厕，是一个世界性的难题，在校园里也是一个不小的难题，这与人的行为习惯、素质修养息息相关。因此，文明如厕既是一所学校学生公民素养的体现，也彰显了一个国家的文明程度。不过，对于一年级新生而言，面对一个新的环境，如厕方式完全不同于幼儿园，因此更多的是认知不足和能力不够的问题。我们应着重引导学生去观察厕所，认识厕所里设施的用途，教会他们怎样如厕，包括如何蹲坑、如何小便、如何大便、卫生纸丢在哪儿、如何冲水及洗手等，这些都需要一一教会小朋友们，相互之间还要学会提醒，真正学会文明如厕的方法，做到"匆匆忙忙而来，干干净净离开"。

活动目标

（1）让学生了解厕所里的基本设施及如何正确使用，知道正确如厕是文明的一种体现。

（2）培养学生热爱卫生、爱护设施设备的意识。

（3）培养学生正确蹲坑、大小便，正确使用厕纸，会冲水，会洗手，如厕人多的时候会排队。

活动准备

利用上课期间使用厕所，并与其他平行班级错时安排，安排一男一女两位老师带队。

本校的厕所设施照片与幼儿园的厕所设施照片。

活动过程

第一板块：认识设施，正确区分

师：小朋友们，今天是我们上小学的第二天了，知道厕所在哪里吗？

生：知道。

师：上过厕所了，对吗？

生：是的。

师：有没有哪位小朋友发现，我们小学的厕所跟以前幼儿园的有什么不一样？为什么不再一样呢？

（以下环节，根据学生的回答，出示相应的图片。没有说到的内容，由老师直接出示图片让学生观察讨论。）

1. 认识标识

（出示照片：学校厕所标识，以及幼儿园的厕所图片。）

师：小朋友们看看，我们学校的厕所标识，和以前幼儿园的有什么不一样？

（学生讨论，发现小学的厕所有男孩和女孩的标志，幼儿园的是没有的。）

师：为什么要分男女标志？

生：因为我们是小学生了，长大了，所以男女要分开。

生：因为小学里的厕所是一个楼层所有的老师和同学共用的，人太多了，所以要分开。

生：因为小学的厕所大人也要用的，大人的厕所要男女分开的。

……

师：（引导小结）小学里，因为老师和小朋友需要共用厕所，所以男女厕所分开，说明我们小朋友长大了。长大了，就要保护自己的隐私，也必须尊重对方的隐私。（板书：会认标识）

2. 认识便池

［出示照片：男生大小便池和女生单间（全貌）。］

师：你发现了什么？为什么男女厕所不一样？讨论：为什么男生厕所有小便池？（有的用沟槽，为什么要上个台阶？）女生却要用单间？

播放小视频：单独的小便槽，使用时需要靠近，但不碰到身体或衣裤。这样做就能让最后几滴小便掉进小便槽里，这才干净、卫生又文明。

沟槽是为了让小便汇流，然后流向污水管，直通到楼底的地下去，最后通过管道输送到污水处理厂。

台阶既可以保护我们的鞋子和裤脚不被小便溅湿，又能让更多人站成一排同时小便。

男生小便不用脱裤子，这样速度更快。

女生大小便要脱裤子，为了保护隐私，屁屁不能随便被人看到，所以需要单间，并且要关上门再大小便。

师：男生厕所有了小便池，为什么还需要单间？为什么每个单间都有一扇可以锁的门？

生：男生的单间是大便的时候使用的，小便的时候，不能去大便的单间。

生：男生也要保护自己的隐私。关上门锁住再大便，就是为了保护自己的屁屁不随便被人看到，同时也是尊重别人，所以不能在里面玩耍哦!

生：后来的小朋友若发现门已上锁，就要到另一个单间或要排队等候。

……

［出示照片：抽水马桶（坐便器）和蹲坑。］

师：小朋友家里用的是哪一种呀？

生：第一种，抽水马桶（坐便器）。

师：是的，我们观察另一种，这叫蹲坑，它有什么特点呢？

生：很矮，中间有很大的肚子。

师：是呀！两边还有一道道凹凸的线，知道是什么吗？

生：脚踩着的地方。

师：对，这是脚踩防滑线，便便时，脚踩在这儿，可以防止滑倒，屁股可以自动对准蹲坑的大肚子，防止尿尿尿到坑外，防止便便拉到外边去。（板书：脚踩防滑线）

师：发现了吗，后面还有一根自来水管哦，上面还有个按钮，这有什么用？

生：冲水，冲掉便便，防臭防菌。（师板书：记得冲冲水）

师：有没有小朋友想过，我们的大小便落到洞洞里，后来去哪里了？

生：不知道。在管子里，水冲走了！

师：（出示污水处理厂）便便被水冲到管子里，冲到城市的污水管道，一直冲到城市污水处理厂进行分类处理。

3. 认识洗手池

师：让我们再到厕所外面看看，还有什么不一样吧。

（出示图片：卫生间外部洗手池，男女同学一起在洗手。）

师：他们在干什么呀？

生：洗手。

师：洗手为什么不分男女呀？

（学生纷纷表示，洗手不需要分开，因为双手不属于隐私部分呀！）

师：那你们知道怎样正确使用洗手池吗？

播放小视频：洗手时，水龙头出水跟小拇指一样粗就可以了，否则不仅浪费水，还会溅湿自己的衣袖。洗手怎么洗呢？就按照我们之前学过的洗手七步法。

师：小朋友们学会了吗？

生：学会了。

【设计意图】文明如厕，对于一年级新生来说，需要学会辨识和正确使用。因此，在学生经过实践后的第二天，利用图片和视频，培养学生的观察能力、思考能力，以达到学会正确使用厕所、文明如厕。

第二板块：实践行动，文明如厕

师：小朋友们，学会如何文明如厕了吗？

生：会了！

师：好呀！那我们现在就要出发去厕所喽！看看小朋友们学了之后，能不能真的做到文明如厕哦！

（分男女两大组操练，分别由男女两位老师带领。每个大组内，五位小朋友分一小组，设立小组长和副小组长，人人进行实践，相互监督。监督内容：男生小便要靠近小便池；一人一单间，脚踩蹲坑线；洗手时水龙头的水柱如小拇指粗。）

师：小朋友，上厕所需要卫生纸。

［老师示范，学生观察，明白在使用厕纸时，只要拉到规定线就可以了（墙上有图文规定线："拉到这儿就可以了"），不能玩耍、浪费纸张。］

【设计意图】实践出真知，学要有所用。为了让孩子们有真正的收获，需要带领他们观察、行动、思考、再行动。文明如厕，只有在行动中才能真正学会。

第三板块：文明行为，学会辨析

（回到教室。）

师：如厕为什么需要这样规范，这样文明呢？

生：上厕所不文明，大小便拉在外面，会很臭的。

师：是呀！随地大小便，不仅很臭，而且不卫生，还会传播病菌。所以会不会上厕所，还是一个社会文明与否的重要标志哦！

YOYO 新闻：新闻故事《一个小孩在大街上大小便引发的争论》前半段。

师：很多大人说，小孩子嘛，没关系的！新闻故事里这个妈妈也是这样想的。那你们认可在街上随地大小便的行为吗？你们支持，还是反对呀？

（支持的坐着，反对的站立。）

师：为什么支持？为什么反对？

（学生表达自己的想法。）

播放小视频：小朋友，欢迎来到 YOYO 小视频。一个小朋友，能不能在大街上大小便呢？其实呀，大小便是人的排泄物，被认为是秽物，当众排泄是一种很不文明的行为，不管是小孩子还是大人都不可以。这是人区别于动物的一种最基本的表现。人是有自我控制能力的，能控制，就是文明行为，不能控制，就会成为不文明行为。

师：新闻故事里的这个妈妈认为小孩子在大街上大便没关系，结果怎样呢？大家纷纷批评这个妈妈，说她太粗野，太不文明。你看，那么多人批评妈妈，妈妈多难过呀！

假如新闻故事里这个孩子是你，当你知道随地大小便会害妈妈被大家批评，你会怎么办？

生：我会告诉妈妈，小孩子也不能随地大小便，应该去厕所。

师：那我们实在熬不住了，一时又找不到厕所，怎么办呢？

生：不知道！

师：那怎样做，才能避免自己陷入这么尴尬的境地呢？

［学生讨论后表示：可以早做准备呀！我们要在每节课下课时，都去一趟厕所。（大笑）］

【设计意图】通过关注新闻中的真实事件，展开评论，代入设想，明白事理。通过 YOYO 小视频来呈现如厕是一种文明行为，这样比老师单纯的文字解释更容易让孩子接受。最后抛出问题，让孩子们参与辨析，从而形成正确的行为理念。

第四板块：文明如厕，我能做到

师：小朋友们，再过一会儿我们就要下课了！你们要去上厕所吗？

生：要。

师：让我们模拟一下，你们会怎样呢？

生：小朋友们都是跑着去的。

师：哦！大家都"噔噔噔噔噔噔"地去了，是吗？

生：是呀！

师：这时候，厕所的人……

生：哇哦！上厕所的人这么多！

师：如果大家一窝蜂往外挤，你猜结果会发生什么？

生：会摔倒。

师：是呀！所以呢？你们觉得怎么做更安全？

生：要慢慢走，人多要排队。

师：是呀！文明如厕，还要慢行！要看地面情况，注意安全。（板书：慢行、排队）

（下课后，演练、观察、评价，及时反馈。）

师：请同学们翻开《我好棒！YOYO入学践行册》第9页——"文明如厕小达人"页面，看看自己做到了没有。

文明如厕小达人	
做得好的打√，做不到暂时不打，等做到了再打√	
规范内容	我做到啦！
慢行、排队，会识别	
靠近方便、脚踩防滑线	
记得冲水，正确七步洗手	

【设计意图】低龄儿童的习惯不可能一蹴而就，需要多次练习，多次提醒，甚至需要老师亲自去厕所进行多次纠正，多次反馈，慢慢形成习惯之后才能稳固下来。当然，需要注意对孩子进行慢行避让的安全教育，让孩子养

成注意地面湿滑的意识。

效果观察

不出所料，孩子们刚开始如厕并不习惯，他们都是通过观察高年级学生习得的，是一种模仿行为，对于设施的用处不是太了解。因此，面对新的环境，学习新的如厕方法，效果是非常明显的，课堂演练和课后实践是比较理想的。但随后几天，孩子们慢慢就会受到周边同学的影响而失去耐心，或是因为贪玩而没有及时如厕，需要老师经常提醒如厕的时间，如厕的正确方法。学生慢慢习惯了正确如厕之法后，自然而然就显得文明了。

活动建议

我们不仅要让学生知道怎样文明如厕，更要让学生能够做到文明如厕。所以这堂课的重中之重，是实际操练。为了增加没有别人的监督也能文明如厕的成功率，要让学生了解为什么要文明如厕，知晓意义，启迪孩子通过观察、思考去了解原因，激发学生养成自尊、尊人的意识与行为。

（1）第一板块：这部分是认识部分，通过回忆和图片、视频的对比，使教学更直观、更有效，也更能锻炼学生的观察力。通过先观察男女厕所内部共同的部分，再呈现不同的部分，让孩子理解厕所里设施装修的设计意图，让孩子们学会正确如厕。

（2）第二板块：带领学生实地进行正确如厕、文明如厕的演练，进行"知—行"的勾连。当然，这里要注意的是，一年级孩子演练需要错时。不推荐去别的楼层演练，因为不常去的厕所还涉及寻找和上下楼梯的安全问题。

（3）第三板块：选一则新闻进行评论，是要引导学生关注真实事件，培养解决现实问题的能力，再延伸到指导自身的行为上去。这里没有选用童话或是虚拟故事，是为了避免孩子产生真实情况和虚幻世界的混淆。用真实世界的故事去教导学生，更科学一些，对思维的养成、对解决现实问题也更有帮助。为了避免过多说教，需要拍摄小视频，这样孩子们更容易接受，印象也更深刻。

（4）第四板块：习惯的养成，要反复操练，不仅在课堂内要提高演练的效率，在实际如厕的时候，老师们也要坚持持续指导。虽然开头会比较辛苦一点，但从长远来看，是非常有必要的，效果也一定是最佳的。

本课设计参与者：郑李军

第四节　快乐阅读，我最安静

活动背景

　　书籍是人类宝贵的精神财富，是人类进步的阶梯。读书是人的重要学习方式，是文化传承的通道。阅读也许改变不了人生的长度，但可以改变人生的宽度，可以使人变得视野广阔，胸怀博大。阅读不仅是一种学习手段，还是一项最为基本且重要的生存能力。研究发现，8 岁之前是培养基本阅读能力的关键期。语文课程标准中明确指出，要重视培养学生广泛的阅读兴趣，扩大阅读面，增加阅读量，提高阅读品味，并且对每个学段的课外阅读量进行了具体而明确的量化，其中小学低年级不少于 5 万字的阅读。如今学龄前儿童普遍有了阅读体验，但是阅读习惯存在差异，如何正确地阅读，怎样做才能养成良好的阅读习惯，都需要教师正确地引导。

活动目标

　　（1）教学生懂得阅读的意义，学会用正确的阅读姿势、方法安静阅读。

　　（2）通过活动体验，让学生感受阅读的乐趣，愿意和他人分享阅读内容，爱上阅读。

　　（3）让学生能做到安静看书，能以正确的阅读姿态和方式坚持阅读，养成良好的阅读习惯。

活动准备

绘本《母鸡萝丝去散步》人手一本，教学课件，阅读小能手评价表。

活动过程

第一板块：看图导入，温故知新

1. 猜书名游戏

师：小朋友们看过哪些绘本？

（学生自由回答。）

师：我们来玩个游戏——看封面猜书名。老师会出示遮挡住书名的封面，你们猜一猜这本书的名字。

（出示绘本《母鸡萝丝去散步》的封面，学生猜书名，有小朋友表示自己已经看过了。）

师：今天老师就和大家一起来阅读这本绘本。

【设计意图】绘本是儿童最熟悉的阅读材料，学龄前儿童接触过不少。而且绘本的封面主题突出，颜色鲜艳，儿童一看就印象深刻，可以激发儿童参与课堂学习的热情。

2. 怎样阅读绘本

师：这么多小朋友看过这本书了。大家来说说，你拿到书的时候，是怎么看的呢？

生：一页一页翻着看。

师：嗯，没错。看书的时候，我们要轻轻地一页一页翻着看。

生：我是看里面的图画的，这样我就知道故事了。

师：是呀，这种书叫绘本，我们静静欣赏书中的插图，就可以了解故事的内容，可有趣了。

生：我是图和文字一起看的。

师：你真厉害，能够通过图文结合来看懂绘本。刚才那么多小朋友都介绍了自己看书的方法，那么我们就一起看看这本有趣的绘本吧。

（分发绘本，每个小朋友一本。）

师：我们拿到一本书的时候，先不要急着打开书，其实，书的封面也值得我们好好看一看。

绘本封面内容：有一只叫萝丝的母鸡，正昂首挺胸、悠然自得地往前走着，在它身后，有一只狐狸。狐狸若有所思，跟随着母鸡萝丝。放眼望去，农场里一派丰收的景象，树上硕果累累，鸡舍旁边的花儿也开得正艳。收获的秋天景色一览无余。

师：我们一起来看看这本书的封面。小朋友仔细看看封面，你看到了什么？同桌交流交流。

生：有一只母鸡、一只狐狸，还有很多果树，还有很多美丽的花儿。

师：（小结）你们看，原来书的封面也值得我们认真地读一读。

【设计意图】学生都有自己阅读的体验，让学生自由畅说自己看书的方法，是对自己阅读方法的回忆和小结。这个活动，调动了学生对阅读的原有体验认知，也让老师对孩子阅读方法的起点有所了解，进而对孩子忽略的阅读方法进行补充或者修正。

第二板块：读后交流，有序阅读

师：让我们把书翻到这一页（出示扉页）。现在我们就用刚才同学讲到的方法，不发出声音，认真地阅读这一页。

扉页内容：母鸡萝丝待在鸡舍里，果树硕果累累，树木枝繁叶茂，动物悠闲惬意，兔子在花丛里小憩，松鼠在树上玩乐，远处的山羊在吃草，农场里一派繁荣。（其实这幅图正是"绘本地图"，绘本里的故事，都发生在这一场景里。）

师：你读到了什么内容？

生：我看到了母鸡在鸡窝里。

生：我看到了农场。

生：我看到了小羊在吃草。

生：我看到鸡窝下面有一只小兔子。

......

师：嗯，你们看得很认真，都能把看到的东西说出来了。是不是每一个小朋友都读到了图画里的信息呢？这么多信息有遗漏也是正常的，我们怎么样看，才不会漏掉书上每一处内容呢？想到方法的小朋友可以和同桌交流一下。（小朋友想阅读的方法）

生：看的时候要一点一点看。

师：怎么叫一点一点看？

生：就是从这里看到这里。（学生指着图说）

师：哦，我明白了，你的意思就是从左往右看，对吗？（学生点点头）那还可以怎么看？

生：从右往左看。

师：对，还可以从上往下、从近到远看。这就是他说的要一点一点看。

【设计意图】学生在阅读实践中，往往会粗粗地看，看到图画的局部就当是全部。所以在低段孩子开始阅读起步的时候，我们要帮助孩子习得正确阅读的方法。认真阅读，有序观察，这样就不会遗漏书中的重要信息。

第三板块：小小练兵，辨析对错

师：小朋友们真能干，看着看着，就知道了认真阅读的方法，老师这里也有几位爱看书的小朋友，他们和你们一样会认真地阅读，也会一点一点看。但是我觉得他们阅读的时候还存在一点点小问题，如果我们能帮助他们改正，他们就会有良好的阅读习惯了。

情景剧一：看书时，人没有坐端正，眼睛和书本的距离太近，坐姿歪斜。

情景剧二：看书时，心不在焉，一手拿着书，一手拿着玩具，眼睛看着玩具。

　　情景剧三：看书时，翻阅书本的速度很快，翻阅的声音很响，嘴巴里念念有词。

　　师：你们看了上面三位小朋友的做法，有什么想说的吗？你们可以选择其中一个，和同桌小朋友交流一下自己的看法。然后请你们来演一演如果是你们会怎么做。

　　（小朋友们自己选择内容和同桌说一说。每个情景都让同学来表演如何正确做，在演一演中习得良好的阅读习惯。）

　　【设计意图】这些场景是孩子们最为日常的表现，让孩子们自己来演一演，更能加深孩子对这些行为的印象。

　　教师：生活中，老师还看到过这样的画面。（播放小视频）视频看完后，你想对视频里的同学说些什么？

　　播放小视频一：在图书室，小朋友们都在安静地看书。其中一个小朋友很小声地和坐在旁边的同学交流。

　　播放小视频二：午间铃声响了，小朋友想去班级图书角借书，发现自己的小手很脏，于是先把手洗干净，然后再去借书。

　　（学生选择一个画面和小组里的同学探讨自己的看法，然后全班同学进行交流，说说自己的看法。）

　　师：（小结）良好的阅读习惯包括坐姿正、专心看、声音轻、书本洁。

　　【设计意图】通过对常见的现象进行辨析和探讨，促进学生正确阅读习惯的养成，明白阅读时要保持安静，不影响他人，做一个爱护书本的小读者。通过观看情景剧和小视频，让学生在辨析他人的行为中加深对良好阅读习惯的理解。

第四板块：独立阅读，分享成果

　　师：你们真是会阅读，会思考的孩子。既然我们知道了正确阅读的方法，那么我们就一起来静静地阅读《母鸡萝丝去散步》这本绘本吧。大家轻轻地翻开自己手中的书，安静阅读吧！

（教师观察孩子的阅读过程，拍照记录阅读瞬间。）

师：阅读完整本书后，大家来交流这本书中你最喜欢的一页。

（学生进行交流。）

师：下面我们来看看阅读过程中哪些同学做得好。

（可以从阅读的姿势、阅读的专注度、阅读时的神情、阅读时的安静情况等方面进行照片搜集。对于做得好的同学进行表扬和肯定。）

【设计意图】老师以积极的态度对学生的阅读行为表示关注和赞赏，注意学生阅读的习惯，有利于学生对阅读保持持久的兴趣，使他们养成经常阅读的习惯。

第五板块：践行阅读，贵在坚持

1. 小结阅读秘诀

师：小朋友们，这节课你们学到了什么本领呢？

（学生谈学到的方法，教师总结成儿歌。）

小小图书故事多，
坐姿正，专心看，
声音轻，书本洁。
快乐阅读我最静。

【设计意图】通过让学生谈收获，理出简单扼要的阅读秘诀，并形成朗朗上口的《安静阅读》儿歌，让学生明白认真阅读并不难。

2. 阅读小能手评选

师：请同学们翻开《我好棒！YOYO入学践行册》第10页——"阅读小明星"页面。每天午休时，大家可以从班级图书角借阅图书，班级图书管理员进行阅读的管理，根据表格进行检查和评定。

"阅读小明星"评价表		
内　容	今天，我做到了！	说　明
1. 坐姿正		做得到请打"√"。做不到请说明理由，记得以后要坚持哦！
2. 专心看		
3. 声音轻		
4. 书本洁		

（一周一评，评出每周的阅读小能手。一月一小结，当月每周都评为阅读小能手的学生，被评为"阅读小明星"，发喜报以示奖励。）

【设计意图】这一环节目的在于结合多种评价方式，正面教育，树立榜样，激励引领，有效指导学生养成阅读的习惯。阅读习惯的培养是一个长期的过程，必须蕴含于日常学习的整个过程，没有一劳永逸，必须时时抓，有计划，更要有具体的监督机制，让学生一步步养成喜爱阅读的好习惯。

效果观察

《母鸡萝丝去散步》内容风趣幽默，画面充满想象，深受小朋友的喜爱。以该绘本为抓手，主要从怎样去阅读一本书的内容及阅读时要注意的一些阅读习惯这两个方面，引导孩子去发现怎样做才是良好的阅读习惯。这堂课下来，基本达成教学目标，把学生原有的、零散的对阅读习惯的认知进行了梳理和总结，让学生对良好的阅读习惯有个整体的认识。从课堂的"独立阅读"环节展示的照片来看，班级里大部分孩子已经有意识地注意自己的阅读行为。但是一个好的习惯并不是靠一节课就可以养成的，所以最关键的还是后期的"良好阅读行为的持之以恒行动"。

活动建议

目前，儿童的近视率不断攀高，这和阅读学习的用眼卫生分不开，所以细细分析怎样指导孩子正确地阅读，这里面还有很多细节需要关注。阅读并不是简单地拿出一本书。课堂中既要激发孩子阅读的兴趣，又要关注阅读习惯的有效落实，所以教师要重视"知""情""行"，教学上需重点落实方法引导，通过一节课达到应有的效果。建议如下：

（1）第一、二板块，是"知"的部分，安排了两次同伴间的交流，让儿童在和同伴交流中发现阅读一幅画面的顺序，发现阅读是需要正确的阅读姿势和方法的。这里教师引的内容会比较多，要注意语言简练，点评到位，给学生准确的信息，带动学生积极参与。

（2）第三板块是"情"的部分，以图片或者视频为载体让学生去自我感受，课堂中通过儿童自己的辨析和表演达成教学的目的。辨析别人的行为，实际是换位思考的一个过程，身边的榜样力量是无穷的，孩子可以学到很多。

（3）第四、五板块"落实阅读"，虽是为课后延伸做准备，却是这节课"行"的核心部分，可以说这节"阅读课"就是为此服务的。因此，需要发动学生行动起来，最后通过评价表一周一评，一月一小结，让这个活动持续开展，使常规落实到位，让这节课达到应有的效果，也让儿童习惯成自然。

本课设计参与者：何莉平

第五节　爱护眼睛，我能做好

活动背景

当前，随着科学技术的不断发展，电子设备应运而生。平板电脑、智能手机等电子产品的频繁使用，使越来越多的孩子沉迷于电子产品中，中小学生近视眼也急剧增加。教育部和卫生部的调查显示，我国学生的近视率已经居世界第二位，中小学生的近视率已经超过 35%，我国青少年因为近视而致盲的人数已经达到 30 万人。儿童青少年的视觉神经还没有发育完善，长时间注视电子屏幕，导致用眼强度增大，眨眼频率降低，很容易造成视力减退。若在低年级没有养成良好的用眼习惯，就会导致学生较早地佩戴眼镜。因此，让学生学会正确地做眼操，培养健康卫生的用眼习惯，是非常关键的。

活动目标

（1）让学生认识近视的危害，学习有关预防近视、保护眼睛的知识和方法，学会做眼操。

（2）在活动中，使学生树立爱护眼睛的意识，养成爱护眼睛的良好习惯。

（3）让学生在活动中学会眼操的正确做法，并制订一份护眼计划，逐渐形成每天坚持做眼操，爱护眼睛的好习惯。

活动准备

多媒体课件、眼操分解图、眼操音乐等。

活动过程

第一板块：认识眼睛，了解作用

1. 猜谜游戏

师：小朋友们，我们一起猜一个谜语，好不好？

生：好。

师：上边毛，下边毛，中间一颗黑葡萄，说的是我们身上的哪个器官呢？

生：眼睛。

（教师重复谜语，边说边画眼睛的简笔画。）

师：（出示眼睛构造）我们的眼睛能分辨出 700 万～ 1000 万种颜色。眼睛内有角膜、晶状体和视网膜，光线射到角膜和晶状体上，再聚到视网膜上，我们就看到了东西。

2. 体验游戏

师：一起做个游戏，请小朋友们拿支笔，像老师这样画一只眼睛。

（学生作画，相互欣赏。）

师：再请小朋友们闭上自己的眼睛，再画一只眼睛。

（学生作画。）

师：比一比，两幅图有什么区别？眼睛看不见后有什么感受？

（学生交流。）

3. 眼睛的作用

师：明亮的眼睛能帮助我们正确地画出图案，还能看清物品。你们知道眼睛还有什么作用呢？

生：能让我们看清道路，看见吃的，看见好玩的……

（出示儿歌《小眼睛》，学生诵读儿歌。）

我有左眼和右眼，

大千世界全看见，

五颜六色真多彩！

小小眼睛真是宝。

【设计意图】游戏是一年级小学生非常喜爱的一种活动方式。在这一活动环节中，采用猜谜游戏和体验游戏，帮助学生认识我们的眼睛，了解眼睛的作用，然后通过朗朗上口的儿歌突出眼睛的作用，强化认知。

第二板块：情景演示，避免伤害

1. 危害眼睛行为不可有

播放小视频：小朋友在不停地揉眼睛；点燃鞭炮火花四射；两个孩子用尖物打闹；眼睛贴近屏幕打游戏；在强日光下看书；在动荡的公车上看手机。

师：小朋友们看看，他们的这些行为可以吗？

生：不可以，他们都在伤害自己的眼睛。

师：是呀！眼睛多么重要，可为什么还要这么做呢？

生：他们觉得那样好玩。

师：若伤害到眼睛，还好玩吗？

生：不好玩了。

2. 学生交流危害

师：像这样的行为，是怎样伤害眼睛的呢？

（学生回答。）

播放小视频：揉眼睛，有可能会导致异物进入眼睛，造成细菌感染；四射的火花若弹到眼睛，可能会使眼睛被炸伤导致失明；用尖物打闹，不小心会戳到眼睛，会永远失去眼睛；贴近屏幕打游戏、在强日光下看书、在动荡的公车上看手机，对眼睛伤害极大，加速近视。

师：（小结）眼睛是最完美却也最脆弱的器官，我们需要小心翼翼地保护，免于被伤害。

【设计意图】学生的初步交流是浅层次的，不能直接看出这些行为会伤害眼睛，只是觉得平时都是教师在指导、提醒。通过观看视频，让学生明白这些行为会对眼睛造成伤害，教师如以实例作为资料补充，则更加具有真实性及说服力。

第三板块：了解近视的成因和危害

1. 敏敏的烦恼

师：有个小朋友叫敏敏，最近她发现了一个问题，看近的东西比较清楚，看远的东西一片模糊，怎么回事呢？

（学生交流。）

师：妈妈带敏敏去医院做了检查，结果医生告诉她"我们看近的东西比较清楚，看远的东西模糊一片，就是患了近视眼"。那么近视眼是什么感觉呢？（展示近视看到的图片）

生：看到的东西都是模模糊糊的，如果我们得了近视，看到的就是这样的世界，那该多难受呀！

师：得了近视后，还会有哪些危害呢？

（同桌交流。）

生：（汇报）近视眼会影响我们的学习，让我们看不清黑板上的字，会影响运动，视力还会越来越糟糕，近视眼好可怕呀！

2. 了解近视成因

师：怎么会得近视眼的呢？哪些行为会导致近视？

（学生回答。）

师：你们看看这些同学平时是怎么做的。（出示图片：躺着看书；走路看书；在微弱的光线下看书；在直射的太阳光线下看书；长时间看屏幕、打游戏；歪着脑袋写字。）

（小组交流。）

师：还有哪些习惯也会导致我们近视呢？

（学生交流。）

师：（引导小结）正是因为我们不注意用眼卫生，所以才会造成近视眼。每个小朋友都需要注意，看一看自己有没有这些坏习惯。眼睛是我们重要的小伙伴，看来我们要多学点好方法来保护她。

【设计意图】学生对于近视眼是比较熟悉的，但是大多数学生还没有直观地了解到它的危害，以小敏敏烦恼的情景引入，唤起学生的真切感受，能让学生"亲身体验"近视眼的苦恼。近视主要是不良的用眼卫生习惯造成的，通过引导让学生审视自己是否有不良的用眼习惯，学会主动保护好自己的眼睛，尽量避免自己得近视。

第四板块：保护眼睛，学做眼操

师：保护自己的眼睛，除了避免上述行为，平时我们在学校里还可以通过做眼操的方式来放松和保护我们的眼睛。知道什么是眼操吗？

生：知道。

师：眼操是一种按摩法，通过对眼部周围穴位的按摩，可以消除眼部肌肉紧张。

1. 学习眼操第一节

（1）认识分解图。

师：今天我们就来认识这张眼操分解图。

（出示眼操分解图，贴在教室内的墙面上。）

师：想不想学呀？先来认识一下眼操的第一节。第一节是揉天应穴。

（2）找找穴位。

师：在这节眼操中提到了天应穴位，让我们从眼操分解图中找一找，看看穴位究竟在哪里。眉头的位置是攒竹穴，天应穴在眉头正下方一点点，靠眼眶内侧的位置。在眉头位置附近用指端试按，用一点力，明显感到发酸的位置就是穴位所在。

（学生尝试寻找，同桌相互检查，教师点评。）

（3）按按穴位。

师：找到穴位，就让我们用正确的指法来按按穴位。

• 教师示范正确的揉天应穴的方法：用拇指指端罗纹面按揉，揉法为划圈，两手一顺一逆，一拍划一个圈。

• 请个别学生上台示范，师生共同纠正。

• 学生各自尝试穴位的挤按，教师巡视并纠正。

• 同桌互相纠正挤按穴位的方法。

• 选拔优秀学生担任示范及监督员。

2. 儿歌小结眼操意义

师：接下来送同学们一首眼操儿歌哦！

眼操歌

放松静坐做准备，音乐响起闭双眼，

找准穴位来按摩，由轻到重有酸胀，

天天坚持不放松，爱眼护眼做眼操。

师：以后，我们还会学习到眼操的第二到四节，希望我们小朋友能认真学、正确地做，保护好我们的小眼睛哦！

请同学们翻开《我好棒！YOYO入学践行册》第11页——"爱护小眼睛"页面，爱护好眼睛，保护我们心灵的窗户。

"爱护小眼睛"评价表		
内 容	今天，我做到了！	说 明
◇不做伤害眼睛的事		做得到请打"√"。做不到请说明理由，记得以后要坚持哦！
◇学会正确预防近视（坐姿正确，不躺着看书、走路看书、在微弱或强光下看书，不长时间看屏幕、打游戏等）		
◇每天坚持正确做眼操		

效果观察

懂得如何爱护眼睛，知道做眼操的意义，并能正确做眼操，喜欢做眼操，对孩子们来说这些内容其实是比较空洞的。对保护眼睛，孩子们因为没有迫切感，不会太放心上，觉得只是老师的要求而已，于是到了五六年级做眼操还会出错的学生比比皆是。因此，本节课除了让学生了解保护眼睛的意义，也让学生参与了"看不见东西"的体验，让学生有所感悟。在眼操练习的过程中，教师的要求要到位，讲解要细致。这个阶段的孩子，大多是为了老师而做，需要我们充分运用好评比激励等措施，让每个孩子不仅能正确地做，还能持续地每天坚持做下去。

活动建议

爱护眼睛，学做眼操，因为是技能学习，相对会枯燥一些。因此，在教会学生怎样正确做眼操之外，要把为什么做眼操、如何保护眼睛作为教学的重点内容。在眼操训练过程中，可以增加一个环节让小朋友来实战演练，最终比一比谁是班级眼操大王，为后续正确规范地做眼操做铺垫。

（1）由于本节课中要让学生尝试按按穴位，学做眼操，所以在课前教师可以让学生做好相应的准备工作，如把手洗干净等。

（2）对穴位的认识非常必要，了解正确的穴位所在才能更规范地做好眼操。所以教师在本环节的教学中，要做到不厌其烦，耐心细致地帮助学生找到正确的穴位所在，一定要舍得花时间让学生找，为后面环节中学做眼操打下扎实的基础。

（3）教学生寻找穴位，挤按穴位时，教师不可操之过急，可分节讲解，降低学生学习的难度，并指导学生逐一检查是否正确到位。

（4）第四板块学做眼操环节，主要利用视频进行眼操示范。在按摩穴位前，伴随着音乐我们可以自然地闭合双眼，放松眼部周围的肌肉，调整呼吸。学会一节眼操后，继续闭眼十秒左右，睁眼之后活动一下眼球，远眺一会儿。

（5）为了激发学生的兴趣，对做得好的学生及时表扬，对暂时做得不正确的孩子要耐心等待，毕竟行为动作的正确习得跟人的肌肉相关，需要时间来记忆。教师还可以充分发挥班级中眼操做得好的"领头雁"的作用，聘请这些孩子成为眼操领操员。

本课设计参与者：李真　吕雨馨

第六节　学会整理，我最能干

活动背景

整理抽屉、收拾桌面、整理书包，是一年级新生入学时应掌握的重要技能，关系到学生的个人卫生和学习效率，更是小学生学习习惯的重要组成部分。养成良好的收纳整理习惯，不仅能提高学生的学习效率，更能让学生终身受益。

在校园生活中，常常会出现学生将刚下发的作业本胡乱塞进书包、将铅笔等学习用具随意扔进书包，急需使用时却左掏右掏迟迟找不到的现象。不善于整理极大影响了学生的学习效率。有序分类虽然只是一个小小的习惯，却能折射出一个人的自理能力以及严谨的学习态度。所以，需要通过仔细、正确的指导，让一年级学生在入学课程中认识到整理的重要性，以及正确掌握整理技能是非常必要的。

活动目标

（1）让学生了解整理的重要性，掌握整理的基本要求，学会有序整理及正确整理的方法。

（2）通过观看图片和视频、做游戏等方式，让学生体验整理有序带来的便利和物品凌乱带来的麻烦，感受整理的重要性。

（3）培养学生正确、及时、时时整理好自己的书包和抽屉的习惯，做到不落丢物品；能按照是否常用、书本大小、课程安排等情况合理整理书包。

活动准备

收集动画视频材料，提前调查学生书包整理情况，制作课件等。

活动过程

第一板块：玩游戏，知重要

师：今天老师和大家做一个小游戏，老师说一样东西，请你们迅速从书包中找出并放在桌面上，看看谁找得最快！

（教师每5秒钟指定寻找一样物品：铅笔、橡皮、语文书、尺子、数学书、美术卡纸等。30秒时间内，教师根据学生找东西速度及正确率奖励YOYO贴纸。）

师：为什么有的同学拿得又快又准？有的同学掏了半天都没有拿出来？

（学生回答。）

师：现在老师就请一位刚刚找东西特别快的小朋友上台来展示他的书包。

（学生展示。）

师：你们有什么发现呀？

生：找东西快的小朋友书包里的学习用品摆放整齐有序。

师：请你们猜一下，找得慢的同学，他们的书包会是怎样的情况呢？

生：肯定很乱。

师：有没有哪位小朋友愿意展示一下自己的书包呀？

（一找东西慢的同学自愿展示：书包凌乱无序。）

师：老师相信今天这堂课学了如何整理之后，他的书包一定会大变样，对吧？

生：对。

师：通过对两个书包的对比，你们发现了什么？

生：书包整齐，学习用具位置固定的同学就能拿得快而准；相反，书包凌乱，不清楚东西在什么位置，速度就会很慢，所以他们找了半天都没有拿出来。

师：（引导小结）平时养成整理的好习惯能够帮助大家快速拿出学习时需要的东西，提高学习效率。（板书课题：学会整理）

【设计意图】通过"找东西"这一小游戏让学生在小竞赛的氛围中迅速感受到自己拿东西与别人拿东西速度快慢的对比，再通过两位同学书包的展示看到书包有序和凌乱的区别。在亲身体验后，引导学生说说拿学习用品又快又准确的原因，不仅激发学生学习整理的兴趣，又能让孩子在游戏中感受整理有序的重要性，比教师的直接讲授印象更深刻。

第二板块：知后果，养习惯

师：想一想，如果同学们不整理书包、抽屉，可能会遇到哪些麻烦？

生：上体育课老师说要拿跳绳，可能会忘记带跳绳，不能参加体育活动。

生：做作业的时候写错了字，正要找橡皮擦的时候发现早上出门时把橡皮弄丢了。

生：书本和水杯放在一起，早上出门的时候水杯翻了把书本全打湿了，只好重新买。

生：美术课让大家用蜡笔画画，因为自己不整理，24色的蜡笔只剩下14支了！

……

师：原来没整理好书包可能导致这么多后果！

（根据学生回答，教师出示：迟迟拿不出东西；学习用具频频丢失；学习用具特别容易损耗；总是忘带学习用具；依赖家长整理东西……）

师：一起来看看，不会整理的小明同学遇到了什么情况吧！

播放小视频：放学了，小明喊着"回家啦，回家啦"，把作业本、学习用品胡乱塞到书包里，结果语文作业本落在椅子上就走了。回家后，他把书包往沙发上一丢，开始看电视，一边笑着、跳着，一边吃东西。晚饭后，在妈妈再三催促下开始做作业，结果发现语文作业本不见了，他着急得满头大汗，还是没有找到，只能跑回教室里寻找，才发现落在椅子上了。他写完作业，抓起东西往书包里一塞，就上床睡觉了。第二天，同学们交作业本了，他半天没有找到语文作业本，又着急得满头大汗。最后，他终于找到了，原来他把作业本夹在语文书里了！

师：小朋友们，发生在小明身上的这些事会发生在你们身上吗？

生：乱七八糟的书包危害太大了！很浪费时间。

生：一定不能让这些事情发生在我们身上。

师：（引导小结）看来学会整理，养成及时整理的习惯非常重要。

【设计意图】导题后让学生发挥想象猜一猜不整理可能会遇到什么问题。结合生活中遇到的问题，对比生活中的自己，教师相机出示书包凌乱的害处，能让学生感受整理的重要性，更加主动地调整自己的整理习惯。

第三板块：会分类，懂窍门

1. 同桌讨论

师：那么书包要怎么整理呢？请和你的同桌讨论讨论，想一想有没有什么好办法。

（学生讨论。）

2. 观察方法

学生：书本应该从大到小排好后放入书包。

学生：书本放一起，练习本放一起，跳绳应该卷好后再放入书包。

学生：水杯要放在书包侧面网兜，这样万一水漏出来也不会沾湿书本。

……

师：小朋友们的好办法真多！接下来让我们看看哥哥姐姐们有什么整理小窍门。

播放小视频：高年级学生使用透明塑料袋（代替书包）示范整理，先将学习用具、书本、练习本分好类，再按照大小顺序整理，试卷、单张纸等放入透明袋子里，再按下大（或长）上小（或短）的顺序，依次放入书包相应的夹层中。

师：你们发现了哪些整理书包的小窍门呢？

（学生汇报。）

师：（引导小结）我们可以先分类，按下大上小的方式整理。（板书）

3. 整理示范

师：哪位小朋友上台示范一下如何把这些东西整理到书包里呢？

（请一位学生整理。）

师：你们觉得他整理得好吗？哪里做得很好，哪里你还想给他提个小建议？

（教师结合学生点评适当引导。）

生：最大的一层要放数量最多的那一类——书和本子，他把书本按从大到小放入，这点做得很好。

生：他是先把跳绳卷好再放进去的，这一点我觉得他做得很好。

生：他把尺子、橡皮和铅笔先放进铅笔盒再放在书本上面，这点很好。

生：他把水杯放在侧边的网兜里，拿的时候很方便，水还不容易洒。

生：跳绳和毽子属体育用品，他把它们放在前面的小夹层里，不占空间也不容易丢。

生：我建议他可以把餐巾纸和水杯放在一起，这样拿比较方便。

师：大家都很会点评。整理书包应该先分类，再放入合适的位置，这样整理好的书包拿取学习用具才能方便又快速。

4. 整理竞赛

师：接下来请每个小朋友独立整理书包。每一位小朋友有 2 张 YOYO 贴纸，整理完毕之后，你去看看其他小朋友的情况，给你认为整理得很好的小朋友奖励一张 YOYO 贴纸。若认为自己也很好或比之前有进步，也可以留一张给自己哦！

看看谁整理得又快又好！如果你完成后还有时间，可以帮助其他小朋友一起整理书包，还能再获得一张 YOYO 贴纸哦！

（学生整理书包，教师参与指导。学生之间相互奖励 YOYO 贴纸。然后评一评谁得到的 YOYO 贴纸最多。）

5. 梳理方法

书包整理歌

整理书包我能行，
书本文具先分类。
零散可以装袋子，
大小先后真有序。

师：（小结）今天，大家学会了自己整理书包。我们一起读读《书包整理歌》。整理之后，有什么发现呀？

生：找书本的时候更方便了，书包干净整洁了呢！

【设计意图】通过同桌讨论发现各自整理的好方法、视频示范，引导学生掌握整理书包的小窍门：先分类。再请学生尝试整理，通过实际分一分，整一整，评一评，将"发现方法"到"解决问题"这一过程还给学生，不仅能激发学生学习的自主性，让学生逐步掌握整理书包的小窍门，还能帮助学生将整理书包这一技能扎实内化。

第四板块：小明星，我争做

师：我们已经知道了书包要怎么整理，现在让我们努力把这个好习惯落实到日常学习生活中去吧！

生：好。

师：请小朋友们拿出《我好棒！YOYO 入学践行册》翻到第 12 页，这里有一张评价表——"整理小明星"评价表（见下页）。哪位小朋友看懂了？说一说哦！

（学生交流。）

师：请同学们结合评价表，每周坚持完成，相信你们一定能给文具们一个干净整洁的家。

"整理小明星" 评价表		
内　容	今天，我做到了！	说　明
1. 根据下一天的课表整理书本		做得到请打"√"。做不到请说明理由，记得以后要坚持哦！
2. 清点学习用具		
3. 分类放整齐，按顺序放进书包		
4. 及时整理（课后整理，放学后整理，家庭作业完成后整理）		

（整理习惯养成评价表每周一张，结合师评、他评、自评的形式，每周评出"整理小能手"。如果有同学做不到，可选择同桌互相监督，互助养成整理习惯。连续四次获得"整理小能手"的，可以获得"整理小明星"称号。这一环节目的在于结合多种评价方式，正面教育，树立榜样，激励引领，有效指导学生养成整理书包的好习惯。）

【设计意图】有序整理对一年级新生来说是一个应当长期保持的好习惯，每周一张的整理习惯养成评价表，以及"整理小能手""整理小明星"的称号评选，能督促、激励学生日常整理习惯的一步步养成和持续坚持。

效果观察

通过这节课，小朋友们的整理意识明显加强，卫生习惯得到培养。一到校，就能把书包里的书本、物品整整齐齐摆放进抽屉里。一开始速度还不是很快，通过"整理小明星"的评选，小朋友的整理积极性越来越高，能做到又快又好。家长也反映，晚上睡前能自觉自己整理书包了，渐渐养成了整理书包的好习惯。

活动建议

整理看似非常简单，但是一年级刚入学的小朋友对"为什么要整理""怎么整理"其实还不甚明晰。如何通过仔细、正确的指导，让一年级学生在入学课程中认识到整理习惯的重要性，并正确掌握整理技能呢？建议如下：

（1）第一板块：对刚入学的孩子来说，老师反复强调整理的重要性远不如自身感受来得强烈。所以要用一些小游戏来调动起学生的积极性和兴趣，同时使学生对"有序"和"凌乱"的不同影响产生直观的感受。

（2）第二板块：老师让学生自己想象一下如果不进行整理有什么问题，让学生自己认识到不整理造成的后果，从而让学生感受整理的重要性，更加主动地调整自己的整理习惯。

（3）第三板块：这个板块是整堂课最核心的部分，内容也最为充实。在实施中，老师要用不同的方式让学生掌握整理的方法，如同桌合作、游戏、教师示范等，要给学生足够的操练时间。

（4）第四板块：老师可以通过家校合作，让家长参与到整理的评价中，使学生不仅在学校会整理，在家里也能养成好习惯。

本课设计参与者：翁丹青　刘天琪

Chapter 3

第三章

校园大探索

第一节　晨间活动，敬礼国旗

活动背景

　　一日之计在于晨，晨间活动是开启孩子们一天的锻炼和学习的时间。为了有序安全地让孩子们参与活动，需要孩子们清楚了解晨间活动的相关规范。因此，在入学第三天的上午，有必要带领新生了解晨间活动的规则，感受升旗仪式的庄严和隆重。

　　当雄壮的国歌奏响第一个悦耳的音符，鲜艳的五星红旗像一团炽热的火焰迎着朝阳，沐浴着晨曦冉冉升起……看似简单的升旗仪式，却蕴含着深厚的爱国主义教育情感，是进行爱国教育的良好契机。从小事做起，从最基本的规范抓起，把对国旗的敬与爱寓于日常教育的点滴，并且启迪孩子们认识升国旗的意义，这样学生每天看到五星红旗冉冉升起，自然产生作为中国人的自豪感和神圣感。

活动目标

　　（1）让学生了解学校晨间活动的流程和形式，知道晨间锻炼的规则和注意事项；知道我们国家的国旗是五星红旗，了解国旗的意义，知道升旗时要肃立、行注目礼。

　　（2）通过晨间活动，激起学生参与锻炼的愿望；通过参与升旗仪式，明白国旗象征着我们国家，我们都是中国人，我们爱自己的祖国，我们要敬爱国旗。

（3）参与晨间活动，做到自我保护和懂得规则；在模拟升旗仪式中，能做到肃立、行注目礼。

◗ 活动准备

PPT 课件，天安门升旗仪式的视频。

◗ 活动过程

第一板块：晨间活动，初体验

1. 整队前行

（学生陆续进班级，整理摆放好自己的学习用具。教室可播放儿歌。铃声响后，音乐停。）

师：小朋友们，一日之计在于晨，晨间空气清新、舒心，是我们锻炼的最佳时机。一会儿广播音乐一响，我们要以最快的速度到教室外整齐地排好队。

生：好。

（学生在教室外排好队。）

师：小朋友们，真不错。跟着老师，让我们迈着最整齐的步伐去操场吧！请小朋友们两两对齐，走路时眼睛看前面，不要交流讲话哦。出发！

生：（齐）1—2—1—2……

（学生到达操场后，在指定位置站定。）

2. 观礼升旗

师：今天我们第一次参与全校的早操，早操之前有升旗仪式，我们眼睛要看着国旗，不发出声音哦！小朋友能做到吗？

生：能。

（学生观礼升旗仪式。）

3. 观广播操

师：我们还不会做广播操，我们先看看大哥哥大姐姐们是怎么做的。

（学生观看其他年级学生做广播操。广播操后，全校学生做完准备活动练习跳绳。此时，学生可以跟着他们在原地跳跳绳或者做做准备活动。活动结束后组织学生回教室。）

【设计意图】一年级的孩子们在适应了小学的常规生活后，第一次参加全校的晨间锻炼，初步让孩子们知道学校晨间活动的形式。出操的同时，也让孩子们巩固了前几天学习的排队整齐度和行进的秩序，感受升旗的庄严，感知升旗时的礼仪。

第二板块：活动规则，再明确

（全体学生回到教室，安静就座。）

师：小朋友们，刚才你们参与了全校的晨间活动。你们看到晨间活动过程中大哥哥大姐姐们都做些什么呢？

生：我看到了全校的大哥哥大姐姐们都在体育老师的指挥下做早操和跳绳。

生：整个操场都是在运动的小学生。

生：我们站在那里，我也很想跟他们一起动起来。

师：是的，我们马上就可以加入到他们的队伍中了。但是，你们知道晨间锻炼，要注意些什么吗？

（出示一段视频：一位学生正在做准备活动。）

师：请看，这位哥哥在做什么？

生：他在做早操。好像跟我们看到的不一样。

师：你们观察得真仔细，这位哥哥为了运动，正在做准备活动呢。

生：哦，我知道了，就是运动员比赛前要做的操。

师：是呀，这样的活动会让身体肌肉和神经活络起来，我们也称为"热身运动"。

师：考一考大家，刚才在操场时，哥哥姐姐们什么时候做过热身运动？

生：跳绳前。

师：是的，做好热身运动可以帮助我们更好地锻炼身体。其实做广播操也是一种热身运动。

师：我们再来看一段视频（播放学生受伤的视频），视频里的姐姐怎么了？

生：受伤了。

师：猜一猜，为什么会这样？

生：她没做好热身运动，没活动充分就运动，脚就扭到了。

师：还有吗？

生：她可能不专心。我看到她一手拿着跳绳，一手拿着一个小玩具。

生：她好像还在讲话。

师：你从哪里看到的？

生：她左边还有一位姐姐在讲话。

师：小朋友们真厉害！晨间锻炼时间要做好热身运动，遵守纪律，不开小差，认真锻炼，这样我们才会有棒棒的身体。（出示儿歌，教师带领学生拍手齐读。）

> 出操时，静齐快，喊口号，要响亮。
> 做早操，有精神，胳膊平，身板直。
> 锻炼前，动动手，动动脚，热身好。
> 不打闹，不说话，专心练，身体棒。

师：我们学校每周二到周五早晨都有晨间锻炼，小朋友要穿舒适的运动服和球鞋，带好跳绳。

【设计意图】晨间锻炼对孩子身心发展有促进作用，科学锻炼不仅能改善神经系统的功能，提高中枢神经系统的机能水平，提高机体的强度、均衡性和灵活性，还可以消除疲劳，使头脑清醒、思维敏捷。一年级小朋友在老师的引导下知道锻炼的规则，有利于今后的锻炼。

第三板块：五星红旗，记心间

1. 认识五星红旗

师：小朋友们，我们刚刚也参与了升国旗仪式，我们都做得很好！你们了解升旗仪式吗？

（出示国旗照片）请你们仔细观察，国旗是什么样子的？（引导从形状、颜色、图案进行观察）

生：长方形。

生：红色的。

师：国旗为什么是红色的呢？

（生畅所欲言。）

师：红色象征着革命，寓意着革命烈士用鲜血染红的。

生：上面有黄色的五角星。

生：有五颗五角星，一颗大，四颗小。

生：四颗小星星围绕着一颗大星星。

师：四颗小星星围绕着一颗大星星，象征着中国共产党领导下人民大团结。

师：（引导小结）我们的国旗是红底五星旗，称它为五星红旗。我们现在的幸福生活来之不易，是无数革命烈士用生命换来的。我们从小就要立志向、有梦想，爱学习、爱劳动、爱祖国，德智体美全面发展，长大后做对祖国建设有用的人才。

2. 国旗是国家的象征

师：同学们，你们在什么地方看到过五星红旗？

生：幼儿园。

生：电视里。

师：还有哪些地方也有国旗呢？（播放 PPT，指着图片）运动员获得冠军颁奖时高高升起的国旗，航天飞机上的五星红旗……

师：这些地方为什么会有五星红旗？

生：因为我们在比赛中获奖了。

生：因为我们有了属于中国人自己的航天飞机。

师：是啊，这些地方有五星红旗，说明我们中国很棒！

师：看，这是哪里？

生：海洋中的一个小岛。

师：知道这是哪个国家的吗？为什么？

生：中国。上面有五星红旗。

师：对，五星红旗代表着中国。

3. 爱护国旗小故事

师：国旗国旗人人爱。（播放小视频：江姐监狱里绣红旗。出示图片：前国家主席胡锦涛弯腰捡起小红旗。）

师：看了视频和图片，小朋友们有什么想说的呢？

（学生纷纷表示：我们都要爱护国旗。）

【设计意图】知道五星红旗是我们的国旗，是国家的象征，初识它的样子（红色底，五颗黄色五角星），并初步知道它的意义。让孩子通过看运动员获得冠军颁奖时升起的五星红旗和航天飞机上、小岛上的五星红旗，知道国旗象征着我们的国家，激发学生作为中国人的自豪感，及爱护国旗、敬爱国旗的情感。

第四板块：升旗仪式，我会做

1. 升旗小知识

师：我们每周一举行全校性的升旗仪式，每天都有国旗升降仪式。

生：跟我们幼儿园一样。

（出示：依照《国旗法》第五、六、七条的规定升挂国旗的，应当早晨升起，傍晚降下。）

师：小朋友们知道升国旗的时候，应该怎么做吗？

生：眼睛看国旗，不说话。

师：是呀！

2. 参与升旗仪式我会做

师：在我们的首都北京天安门广场上，每天都会有隆重的升旗仪式，我们一起来看一段视频，观众是怎么看升旗仪式的？（播放小视频）

生：升旗仪式时不能说话，要安静。

生：观看升旗仪式时要站正。

生：升旗仪式时眼睛要看着国旗。

生：升旗仪式时不能戴帽子。

师：每天，我们学校有国旗升降，每周一也要举行升旗仪式。小朋友们，在国歌响起，国旗升降时，你们能做到安静，肃立，行注目礼吗？

生：能。

师：我们跟着视频来试一试。

（播放小视频，模拟升降旗，教师进行反馈。）

师：小朋友们的表现真棒！每周一参加升旗仪式的时候我们还要做到：

（1）每周一按学校的要求统一穿校服，仪表要整洁大方。

（2）参加升旗仪式前要做到集合时队伍整齐、安静，不说笑，不打闹。

（3）唱国歌时声音要洪亮，态度要严肃，看清指挥跟上节奏。

（4）听国旗下讲话时，神情要专注，适时适度地鼓掌。

师：我们完整地来模拟一次。

（学生按照以上要求，尝试模拟参加升旗仪式。）

师：你们做得都很不错，请小朋友们翻开《我好棒！ YOYO 入学践行册》第 11 页，请看"敬礼国旗，我能行"评价表。

"敬礼国旗，我能行"评价表		
内　容	我做到啦！	说　明
1.升降国旗时，肃立，行注目礼。		做得到请打"√"。做不到请说明理由，记得以后要坚持哦！
2.唱国歌时，声音洪亮，跟上节奏。		
3.听国旗下讲话时，神情专注，适时鼓掌。		
4.爱护国旗，尊敬国旗。		

师：下午的降国旗仪式，就看大家的表现了哦！下周我们跟着大哥哥大姐姐们一起参加升旗仪式，参加完根据自己的表现完成达标卡。加油！

【设计意图】有了前面知识和情感的铺垫，学习礼仪就是水到渠成的事情了。这里增加一段天安门前升国旗的视频，可以帮助孩子直观地了解升国旗时我们应该怎么做。先观察，再来说说，最后来练一练，在教室里看升旗视频，模拟升旗仪式，使用达标卡，让孩子们自我激励，促使人人按要求做到，轻松达标。

效果观察

晨间活动是学校生活一天的开始，通过体验晨间锻炼，了解晨间锻炼的规则和安全注意事项，为一年级学生参与学校晨间锻炼做好准备。晨间活动应充分尊重一年级学生的年龄特点和身心发展规律，帮助学生平稳地实现从幼儿园到小学的过渡，使学生健康、快乐地适应小学阶段的学习生活，保持身心的和谐发展。

一年级学生对于升旗仪式不陌生，但是进入小学后，让学生重新认识升旗仪式的庄重感是非常有必要的，达成爱国主义的再次升华。升旗仪式是一项庄严的活动，引导学生积极参与其中，感受爱国主义教育，而且也是一次人生观、价值观的初步教育，最终达到促进学生综合素质提高的目的。

活动建议

对于新生来说，第一次参与学校的晨间活动和升旗仪式，会因为感到新鲜而兴奋不已，导致队伍行进及升旗过程中的不规范，需要在开学课程中予以引导：

（1）规则要领儿歌化。第一板块是体验环节，老师可以以小视频的方式进行记录，以便在引导规则要领时，让孩子们"看见"自己的行为。当然，一年级学生在识字量和理解能力上存在不足，在规则的引导和落实过程中，老师可以通过琅琅上口的儿歌，让孩子从熟读中感知晨间活动的规则和升旗仪式的要求，要求学生努力做到，争取人人达标。

（2）过程教育可视化。第二、三、四板块，是引领教育环节，对低年级来说，形象直观更容易接受，老师课前寻找到更多的图片、视频素材，来调动学生的视听觉感观。若有本班孩子晨间活动的视频情况，更有利于小朋友调整自我。需要老师们注意的是，引导时只需点到某种现象，不能指责个人。

（3）学生活动再跟踪。引导学生积极参与学校的晨间活动和升旗仪式，需要教师持续关注：参与晨间锻炼，需要关注准备活动和参与锻炼的情况；参与升旗仪式，需要关注学生的升旗礼仪。习惯的养成不可能一劳永逸，而是寓于日常点滴的规范和改变。

本课设计参与者：朱碧华　汤丽娜

第二节　见到老师，礼貌问好

活动背景

刚从幼儿园迈入小学的一年级小朋友，面对的是一个陌生的环境和一群陌生的老师，可能会产生一些不安情绪，也可能会因此影响他们的学习生活，从而对小学产生一些抗拒感。如果孩子们能尽早认识、亲近这个团体中的权威形象——老师，无疑能帮助他们尽快融入小学生活。小学老师与幼儿园老师有所不同，一是数量明显增多，多位老师任教一个班级；二是老师不固定待在班级中，一位老师任教多个班级。因此，针对初入小学的学生，帮助其尽快熟悉自己班的任课老师，建立良好的师生关系，至关重要。

活动目标

（1）引导学生通过观看图片和情景表演，尽快熟悉自己班的任课老师，愿意和老师亲近、交往，建立良好的师生关系。

（2）通过绘本和故事，激发学生对老师的尊敬和爱戴，树立尊重老师的观念。

（3）鼓励学生在日常生活中做到主动与老师交往、沟通，让学生知道在校园里遇到困难可以向老师寻求帮助。

活动准备

绘本《爸爸的老师》、朱德的故事、课件。

活动过程

第一板块：猜猜记记，认识老师

1. 介绍认识的老师

师：小朋友们，今天是我们上学的第三天，你都记住了哪些老师呢?

（学生回答。）

师：哇，你们已经记住了两位老师了，那你们知道我和××老师是教什么的吗?

生：您是语文老师，还是我们的班主任，可以教我们认字;××老师是音乐老师，可以教我们唱歌。

【设计意图】学生在前两天的小学生活中已经接触了一些老师，认识了一些老师，通过介绍老师这一方式，增强学生的自豪感，提高学生参与课堂学习的热情。

2. 猜猜我们的老师

师：你们说的真对，我是语文老师，以后我会带着大家看书、学古诗、学拼音、写文章，学很多本领。××老师是音乐老师，她不仅可以教我们唱歌，还会带我们跳舞，学吹笛子呢! 那你们知道我们班一共有多少老师吗? 他们又会教我们学什么呢?

生：数学老师，教数数、计算;体育老师，教跑步、跳远、跳绳、踢足球、打篮球;美术老师，教画画、手工;科学老师，教做实验……

师：（引导小结）是的，小学和幼儿园可不太一样，我们有很多学科，每个学科都有不同的老师，我们的体育、数学、美术、科学老师分别是谁呢? 今天呀，我们就要一起来认识他们!

【设计意图】学生对于小学的学科和老师都有着自己的认识，自由畅说学科的功能这一活动，能让学生感受到小学与幼儿园的不同，也让学生对于小学老师有初步的印象，激发学生想进一步认识老师、了解老师的欲望。

3. 认认我们的老师

师：这儿搜集了他们的照片，你们能猜一猜，他们分别教什么学科吗？

每位老师的近期生活照片						
语 文	数 学	英 语	科 学	音 乐	体 育	美 术
×老师	×老师	×老师	×老师	×老师	×老师	×老师

师：这位老师是美术老师，我们小朋友可以叫她张老师，我们用最好听的声音再叫一声。

生：张老师。

……

【设计意图】这一环节中，学生看图猜测老师任教的学科，这种生动的方式将老师和学科紧密联系在一起，老师的形象更为丰满，便于学生更直观地认识老师。

4. 记记我们的老师

师：我们有这么多的老师，看着照片赶紧记一记。都记住了吗？和你的同桌小伙伴轻声说一说你记住了哪几位老师。

师：哪位小朋友来介绍一下你记住的老师？

生：数学老师是张老师，她的头发长长的，还戴着一副眼镜。

生：体育老师是郑老师，他是男老师，眼睛圆圆的，不戴眼镜。

……

师：你们观察得真仔细，现在我要请他们通过视频和大家见面，等会儿大家要有礼貌地和老师打招呼哦！

（逐个播放老师的小视频，每个老师做个简短的自我介绍，小朋友说："××老师，早上好！"）

【设计意图】与幼儿园不同，小学里每个班都有多个老师，尽快记住老师对于一年级的学生来说是个挑战，所以给孩子一些时间与同学一起讨论，找到记住老师的好方法。跟视频里的老师打招呼是孩子们养成见到老师要礼貌问好这一习惯的第一步。

第二板块：情景表演，尊重老师

1. 听故事，明道理

师：我们小朋友有老师，小朋友的爸爸、妈妈也有老师，我们一起来听听这位爸爸与老师的故事吧，想一想故事里的爸爸是怎样尊敬老师的。

绘本故事（音频）：爸爸是一位大数学家，我以为他的老师一定是胡子很长，满肚子的学问，一定比爸爸强，是位老数学家。但是爸爸去看望的是教一年级的老师，还向老师深深地鞠躬，说："我得感谢老师，是老师您教会了我，懂得二二得四……"这时候，我才知道我的爸爸，虽然学问很大很大，但他没有忘记一年级的老师曾经教导过他。

师：在故事中，爸爸是怎样尊重他的一年级老师的？
生：鞠躬、感谢老师……
师：（小结）爸爸都已经是有名的数学家了，还忘不了他的一年级老师，对他的老师这样尊敬。作为我国十大元帅之首的朱德又是怎样尊重老师的呢？

1959 年春的一天，朱德同志在云南政治学校礼堂看戏。开演前，朱德同志正和身边观众谈话。这时，一位耄耋的老人由服务员引了进来，朱德一眼便认出这位老人原是自己早年在云南陆军讲武堂学习时的教官叶成林，急忙起身上前，立正敬礼。礼毕又紧紧握住老人的双手，亲切地呼唤："叶老师！"然后请叶老入座，待老人坐定后他才坐下。

师：听完这个故事，你有什么想说的吗？
（学生回答。）
师：（引导小结）尊敬老师是中华民族的优秀传统，小朋友们也要向故事里的爸爸和朱德元帅那样尊敬每一个老师，不管是教我们的还是不认识的老师，我们都要有礼貌。

【设计意图】在教育孩子尊重老师时，如果以说教的方式灌输给学生，往往收效甚微，因此这里以小故事为载体，学生在听故事的过程中，了解到尊敬老师是我们的优秀传统，也能意识到自己也要懂得尊重老师，要有礼貌。不管是自己的老师还是其他老师，见到后都要以礼相待。

2. 见老师，知礼仪

师：校园里除了有我们刚才认识的几位老师，还有很多老师。有的老师虽然不教我们，但我们经常会遇见，比如隔壁班的语文方老师；有的老师教高年级的哥哥姐姐们，我们也会遇到。当我们遇到他们的时候，我们可以怎么做？

生：可以说"老师，您好！"

师：是的，我们可以停下脚步，先鞠躬，再说一声"老师，您好！"等以后我们成为光荣的少先队员，我们就可以先敬一个队礼，再说"老师，您好！"谁来试一试？

（学生模拟练习在不同情景中遇见老师。）

情景一：早上在校园里遇到老师，该怎么说？（老师早上好！）

情景二：放学的时候，和老师说什么？（老师再见！）

情景三：下课在走廊里看到老师，该怎么和老师打招呼？（老师好！）

情景四：老师帮我们解决了困难，我们应该对老师说什么呢？（谢谢！）

情景五：去办公室找老师，应该怎么做呢？（先喊"报告"，老师说"请进"再进去。）

情景六：在校园里看到陌生人，应该怎么办呢？（鞠躬说"叔叔/阿姨好！"）

【设计意图】通过对日常场景的模拟，让学生自己演一演见到老师如何问好，掌握问好礼仪，逐渐养成良好的问好习惯。

3. 寻老师，求帮助

师：小朋友在学校里肯定会遇到一些困难没有办法解决，可以怎么办呢?

生:要找老师。

师:那哪些情况下需要找老师呢?

生:小朋友身体不舒服,受伤了可以找老师;学习上遇到难题可以找老师;看到同学有不文明行为或危险行为,劝阻了没有用可以找老师;小朋友之间闹矛盾,可以找老师……

师:那我们遇到这些困难的时候,可以找哪位老师呢?找老师的时候又该怎么说呢?

生:我们可以先找您,您是我们的班主任。

师:你说的真对,遇到了困难可以先到我的办公室来找我,到门口要先说"报告",得到老师允许后才能进入办公室。那如果找不到我该怎么办呢?

(学生自由回答。)

师:是呀,如果有非常着急的问题可以找 ×× 老师,也可以找 ×× 老师,所有的老师都可以,身体不适还可以找医务室的 ×× 老师,借书可以找图书室的 ×× 老师……当你有需要的时候,所有老师都会帮助你!

【设计意图】对一年级的学生而言,在学校常常需要老师的帮忙。这一环节,在老师的循循善诱下,学生知道了遇到困难可以寻求哪些老师帮忙,要怎样寻求帮助,同时学生体会到了校园的温暖,增强了对老师的信任感,构建了良好的师生关系。

4. 小练兵,辨对错

师:刚才小朋友们说的都很对,向老师问好的表现也很不错。那这些小朋友做得对不对呢?(出示动画转盘)

◆见到老师主动问好　　　　　　　◆放学时主动和老师说"再见"

◆迟到没有喊"报告"闯入教室　　◆上课专心听讲

◆课下认真完成作业　　　　　　　◆对帮助你的老师说"谢谢"

◆在学校里,不认识的老师可以不用问好　◆未经许可擅自乱翻老师的东西

（转动转盘，学生回答。）

师：小朋友们说的都很有道理，真是有礼貌的好孩子，相信大家一定能在学习生活中真正做到！

【设计意图】这些情景是学生最常见的表现。通过对这些情景的辨析和探讨，使学生对校园礼仪有更深刻的认识。在判断情景中促进学生形成正确的校园礼仪，做一个文明的小学生。

5. 比一比，评一评

师：翻开《我好棒！YOYO 入学践行册》第 14 页——"礼貌问好"页面。"见到老师，礼貌问好"，你做到了吗?

"礼貌问好"评价表		
内　容	今天，我做到了！	说　明
路上见到老师同学主动问好。		做得到请打"√"。做不到请说明理由，记得以后要坚持哦！
进办公室或迟到进教室喊"报告"。		
对帮助你的老师同学说"谢谢"。		
放学主动跟老师同学说"再见"。		

【设计意图】习惯的培养是一个漫长的过程，须将礼貌对待同学、学会尊重老师等习惯渗透并落实到孩子们每天的学习生活中。借助自我评价以及集体评价的方式来调动孩子们的积极性，激励学生真正做一个文明的好孩子。

效果观察

孩子们通过前两天和学校老师的接触，已经认识了自己班的两位包班老师。这节课中主要是帮助孩子们更深入地认识、亲近任教本班的老师，消除紧张情绪、产生向师情感，同时懂得尊重老师、学会和老师相处，为建立良好的师生关系打好基础。这一节课下来，基本达成教学目标，孩子们通过视频交流喜欢上了自己班的任课老师们，通过课堂模拟初步懂得怎样问好、怎样寻求帮助。大部分同学表现出愿意主动与老师交往、沟通。

活动建议

　　孩子们刚开始小学生活，对于环境和老师还不是很熟悉，对于小学生应该有的校园礼仪也没有概念。如何让孩子们通过活动体验、实践，将文明礼仪真正落实在行动中呢？建议如下：

　　（1）第一板块着重建立良好的师生关系，通过介绍、猜测、视频交流等活动，激发学生想进一步认识、亲近本班老师的欲望，消除紧张情绪、产生向师情感。这一板块中，教师语言应具有亲和力，多给一些时间让学生交流讨论，多让学生发表自己的看法。

　　（2）第二板块安排了"演一演、判一判"等环节，让孩子们在课堂中体验到比较真实的情景，既让孩子们明确见到老师要问好等校园礼仪，也帮助孩子们将礼仪落实到行动中，促进孩子们知行合一。这里教师引导的内容比较多，所以要注意语言的准确性，并将孩子们不精练的回答总结到位。

　　（3）第二板块"比一比"是落实礼仪的环节，是这节课的延伸，这节课就是为此服务的。因此，需要教师带领孩子们行动起来，通过评价表进行每天自评，班级一周进行一次小结，之后也可以一月一评，让这个活动持续开展，使文明礼貌成为孩子的一个好习惯。

本课设计参与者：赵粟　楼冠群

第三节　控制音量，文明休息

　　课间十分钟虽短，却是连接课堂与课堂的有效纽带，是学生们休息、玩耍、调整自身状态的绝佳时间。在校园生活中，学生们可以在这十分钟里做很多的事：上厕所，喝水，玩一些轻松有益的课外活动，准备下节课的学习用品……正是因为课间十分钟与孩子们密切相关，所以学会控制音量、学会文明休息成为孩子入学课程中必修的一课。

　　活泼好动是孩子的天性，有些孩子在下课时热血沸腾，甚至把运动场上的奔放情绪延续到走廊里、楼梯口，致使课间喧闹不已，还让这种情绪延续到课堂中，使得上课效率低下。因此，引导孩子们课间十分钟文明休息，学会轻声慢步，控制音量，不仅是为了使学生行为文明、安全，更是为了使学生有效休息，保持良好状态迎接下一节课。

活动目标

　　（1）让学生了解声音分贝的相关知识，懂得在课间活动时注意控制音量，文明休息。

　　（2）通过现场体验的方式，引导学生交流课间可以开展的游戏，帮助孩子树立文明课间的意识，让学生学到更多的课间游戏，学会劳逸结合，感受校园生活的快乐。

　　（3）课间十分钟，让学生能做好该做的事，能控制音量，不打扰他人，能文明休息，不乱跑乱跳。

活动准备

学生准备：平时玩耍的游戏道具。

教师准备：学校区域内的课间活动图片、音乐、视频、游戏道具以及YOYO奖励卡等。

活动过程

第一板块：感受音量，引入课题

1.倾听声音，交流发现

师：小朋友，老师想请大家欣赏一首歌曲，想听吗？让我们闭上眼睛静静来欣赏吧！（播放歌曲《哦！十分钟》，大约半分钟。）

师：好听吗？

生：好听。

师：继续欣赏。（慢慢加大音量）

生：老师太响了！

（老师还在慢慢加大音量，学生纷纷表示：老师太吵了，受不了啦！）

师：（调整为适合的音量）现在呢？

生：现在很好了！

师：为什么同样的音乐，你们会受不了呢？

生：是太吵受不了。

师：是呀！太吵了！听得人受不了。那么，课间我们也这么吵过吗？

（学生大多表示：有的。）

师：听听老师收集的课间声音哦！

（播放音频：课间嘈杂的声音，有同学的尖叫声，有吵闹声……）

师：请说说自己的感受。

生：太吵了。

师：是呀！当课间来临的时候，你们就处在这吵闹声中，可能这些吵闹声中就有你的声音，是吧？可那个时候，你们为什么没有感觉呢？

（学生回答。）

师：（小结）自己在吵闹，自己听不见，其他同学难受。

2.分析声音，导入主题

师：在课间呀，这么多同学每个人都会发出声音，每一个人的声音是不一样的，老师这里收集了一些声音，你们来听一听。

（播放音频：叫喊声、急促的敲门声、唱歌声、轻轻的朗读声。）

师：老师发现小朋友们听得可专心了！有些小朋友在听的时候还捂起了耳朵。谁来说一说，你最讨厌哪一个声音，为什么？

生：我最讨厌叫喊声。

生：我最讨厌急促的敲门声。（师板书：噪音——吵、无法忍受）

师：那你最喜欢哪一个声音，为什么？

生：我最喜欢唱歌声，因为很舒服。

生：我最喜欢轻轻的朗读声，因为给人一种安静的感觉。（师板书：适宜——安静、舒服）

师：老师今天要给你们讲一个小知识——分贝对人的影响。

播放小视频：国家有关标准规定，居民区、学校的环境噪音，白天不能超过50分贝，夜间则应低于40分贝。倘若超过这个标准，便会对人体构成危害，特别是孩子，更要提防噪音。

师：刚刚同学们听了感觉不舒服的音量，都超过了50分贝，对我们小朋友的健康是有影响的，所以我们要学会控制音量，课间休息要文明。（板书：控制音量，文明休息）

【设计意图】以各种不同的声音引入，让学生去感觉，引出声音的分贝，让学生了解不同的声音会给人带来不同的感受，同时明白噪音有损健康，让学生懂得避开噪音，健康生活。

第二板块：声音分级，掌握音量

1. 观看视频：声音要分级

师：小朋友们，刚才我们已经知道了不同分贝的声音对人的影响是不同的。为了防止出现那样的噪音，我们学校把不同场合需要的声音进行了分级，想不想了解呢？

生：（齐）想。

播放小视频：在学校里，同学们学习和活动时都会发出不同音量的声音。不同的场合、不同的地方需要的音量是不一样的，你们想了解吗？运动会上加油呐喊助威声→5级声音；同学们在操场、运动场上大声交流→4级声音；在班级朗读、回答问题→3级声音；轻声的相互交流、只有同桌能听到→2级声音；背诵及轻声朗读、只有自己能听到→1级声音；阅读需要安静无声→0级声音。

2. 游戏体验：声音会分级

师：你们知道怎么样的声音是1级声音吗？

生：知道，就是自己听得到。

师：那请你用自己听到的声音来说一句话。

（学生演练。）

师：什么是2级声音呢？

生：同桌能听到。

师：那请你和同桌说一句话。

（学生演练。）

师：3级声音是什么？

生：班级里的小朋友都听得到。

师：请你试一试。

（学生演练。）

师：4级、5级声音可以在教室里出现吗？

生：不可以。

师：看来，小朋友们都知道啦，那我们来玩一个小游戏。

（小游戏：出示《上学歌》，请孩子根据老师的指令用不同的声音分级来演唱。）

3. 情景模拟：我来给声音分级

师：不同的地方，要用不同的声音。你们知道这些地方，要用什么声音吗？（出示图例：阅览室；课堂上朗读课文；户外玩跳格子游戏；过走廊、上下楼梯；上厕所；运动会。）请对照上面的图，来尝试发出自己的声音。

生1模拟：阅读室读书要用0级声音。

生2模拟：课堂上朗读课文可以3级声音。

生3模拟：户外游戏可以用3级或4级声音。

生4模拟：上下楼要用1级声音。

生5模拟：上厕所排队要用1级声音。

生6模拟：运动会上要用5级声音来加油！（今天在教室里最多发出3级声音）

师：小朋友们，表现真好！

师：我们来玩一个小游戏，看看你们掌握了没有。

（游戏规则：同桌合作，每个人手上有6张标有0—5的卡片，分别代表0—5级声音，请一个小朋友出示图例场景，一个小朋友出示声音分级。学生模拟。）

【设计意图】引入班级的声音分级，符合一年级孩子的心理特点。孩子难以理解抽象的数值分贝，所以用"谁听见怎样的声音"让学生初步感受五级声音的不同音量概念。利用小游戏和情景模拟——用不同的声音分级唱《上学歌》和说话，给予孩子一个直观的感受，让孩子明白几级声音的真实音量，学会不同场合选择不同的音量。

第三板块：实战练习，控制音量

1. 音量失控点

师：小朋友你们觉得在学校里什么时候最容易出现音量失控？

生：下课在走廊里。

生：还有楼梯上。

师：在这两个地方，为什么就控制不了音量呢？

生：因为老师不在。

生：因为同学不乖。

生：因为大家着急上厕所。

师：今天学习了如何控制音量，这两个地方要用几级音量呢？

生：1级音量。

师：小朋友们能不能做到在走廊里和楼梯上，自己控制音量呢？

学生：能。

2. 课后三件事

师：等会儿下课了，我们就到一些地方去体验哦！小朋友们在下课后该做什么呢？

生：做好下一节课的课前准备。

播放小视频：小朋友，下课后，除了做好下一节课的准备，我们还要做好课后三件事。今天YOYO给大家带来一套动作，请用一级声音来完成三件事，让我们一起来试一试吧：一收桌面，二摆下节课资料，三推凳子。你能做好这三步吗？

生：收桌面。

生：摆下节课资料。

生：推凳子。

（学生练习。）

师：你们真是一群有秩序，讲文明的小学生！把最热烈的掌声，送给自己。接下来我们就去小朋友们常去的几个地方，去完成控制音量的练习哦！

3. 课间活动

分小组，老师带领实践，全程用1级声音。

（1）过走廊，悄无声。

师：（轻声手势）同学们，过走廊要用？

生：1 级声音。

师：不能影响其他人哦！

（学生轻声慢步。）

（2）上下楼，靠右行。

师：小朋友，这儿是楼梯。我们用？

生：1 级声音。

师：还要？

生：排队上楼。

师：排队要怎么样？

生：不拥挤、排队靠右慢行。

（3）上厕所，排好队。

师：下课后，在玩之前，可别忘了上厕所呀！来到厕所啦！我们也要用？

生：1 级声音。

师：老师想问一问咱们班的小朋友们，厕所拥挤我们应该怎么办？

生：等着，不推不挤。

生：用 1 级声音等待。

师：小朋友们说得真好！

（4）要喝水，排队取。

师：小朋友记得要多喝水哦！接水要用几级声音呀？

生：1 级声音。

师：他们这样做，好不好？为什么？

生：好，因为没有推来推去，很文明。

（5）玩游戏，有秩序。

师：现在，我们可以去玩了。老师又想问问咱们班的小朋友们了，你们在课间都玩什么游戏呢？

生：萝卜蹲。

生：跳绳。

生：跳房子。

师：哎呀！咱们班孩子们会玩这么多小游戏，到室外玩游戏，可以用几级音量呀？

生：3～4级音量。

师：你说得对，游戏时，我们记得做文明游戏小达人，预备铃响就请小朋友回到教室，我们要评比课间"文明小达人"哦！

（学生课间游戏。）

【设计意图】实践是检验真理的标准，学会控制音量，需要去实地去实践。通过带领孩子去几个常去的地方，让孩子们进一步体验和运用音量来加深印象，达到一定的条件反射，让孩子能够学有所用，真正把学得的落实到行动上。

第四板块：回顾小结，评选"文明小达人"

师：欢迎小朋友回来，刚刚老师看到了，每位小朋友都能运用合适的音量参与课间活动，真了不起！

请大家翻开《我好棒！YOYO入学践行册》第15页——"音量控制"之课间"文明小达人"评选表，要求：

（1）能积极参与游戏，礼让他人；

（2）在合适的场地能用合适的音量等级；

（3）能控制自己的情绪，不与同学产生冲突。

课间"文明小达人"评选表 候选人 _____		
我能积极参与游戏	我能用合适音量	我能控制情绪
☆☆☆	☆☆☆	☆☆☆
注：完全符合涂黑☆☆☆，符合涂黑☆☆，基本符合涂黑☆，不符合则不涂黑。		

师：自己觉得能做到，就给自己涂黑一颗☆，同伴也觉得你做到再涂黑一颗☆，老师认为你做到了，也涂黑一颗☆，都做到了就是我们的"文明小达人"。（小结）看来呀，我们课间短短的十分钟要做的事情还真不少呢，学

会控制自己的音量，小朋友们就是文明休息的小达人，期待大家能讲文明、守秩序，度过一个又一个快乐的课间十分钟。

【设计意图】评价，是落实行动的有效措施。本环节有效利用《我好棒！YOYO入学践行册》中的评价表，对学生课间文明情况进行评价。评价中采用自己、同伴及老师三方评价，既照顾自我认可的意愿，又结合了同伴的监督，融进老师公平客观的意见，较全面地进行了评价，促进孩子全方位进步。

效果观察

课间休息看似是一件简单的事，通过本课的学习，学生了解到原来平时课间的声音大小也有这么多讲究！休息时控制好音量如此重要，能够帮助自己养成良好的习惯，让自己成为一个讲文明、守秩序的小学生。

小朋友们通过小游戏、微课学习等方式学会了课间如何正确地休息，并亲自在游戏中体验了"控制音量"。在接下来的课间休息中，学生们更加重视课间文明了，初步养成了良好的课间休息习惯，并将这种习惯延续到生活中的点点滴滴。

活动建议

这一节课的设计，有丰富的材料与活动，为了让课间休息的体验深化、落到行动中，在教学中可以注意以下几个方面：

（1）第一、二板块，采用了听音辨声的方法，一年级的孩子听到吵闹的声音可能会出现大喊大叫的现象，老师可以在听之前和孩子约定好，或是用一些小口令如"123，静下来，小耳朵，仔细听"等让孩子迅速进入状态。

（2）第二板块重点在于学生对声音分级的了解和应用，形式比较丰富，让孩子学会判断不同场合该用怎样的声音。

（3）第三板块重点在于将孩子在课间要做的每一件事都规范起来，带领孩子去实践，把课堂延续到走廊里、楼梯上，让孩子们通过观察，学会合适的场所用合适的音量，避免出现"一下课风风火火，一上课慌慌张张"的现象。

（4）第四板块是在孩子体验之后完成的，为了不影响下一节课，需要在预备铃之前，让孩子们回到教室，通过"文明小达人"的奖励，正面巩固孩子们的行为。这里要着重将评价规则向一年级小朋友传达清晰，并鼓励孩子坚持下去，最终养成良好的控制音量、文明休息的习惯。

本课设计参与者：谢轶涵　吕婷

第四节　牵手同伴，探秘校园

活动背景

　　小学校园相比幼儿园，不仅场地范围变大了，而且各个场地的功能也变多了。同时，从幼儿园到小学，孩子的生活和活动方式也要发生很大变化，从原来的教师带领慢慢变成主动参与。每个孩子对于这些转变的适应情况是不一样的，有的孩子能自如应对，而有的孩子却非常茫然。老师就像一条纽带，应极力引导，促成孩子尽快融入到小学的生活环境中，让每一个孩子都能适应。因此，利用这节课，以游戏和探险的方式，带领孩子尽快地熟悉校园环境、熟悉孩子们必去的地方，让他们牵手同伴，相互依靠，相互鼓励，消除陌生带来的恐惧感，从而帮助孩子快乐地学习和生活。

活动目标

　　（1）让学生通过观察、判断、实践等学习活动，能熟悉校园常去的地方，学会识别校园的各种标识标牌，并能正确认识和理解各种温馨提示语。
　　（2）让学生在实践探寻过程中，做到举止文明、安全行走，能找到需到达的位置，享受寻找的乐趣，获得成功的体验。

活动准备

　　探秘卡、校园介绍视频、课件等。

活动过程

第一板块：我能知晓，争做文明小主人

1.观看视频，感受美丽校园

（播放校园环境小视频。）

师：美丽的校园是我们的新家，想不想一起来认识它？

生：想。

师：通过刚刚的视频，你们有什么感受吗？

生：我感觉我们的校园好大，有好多好玩的地方。

生：我感觉我们的校园好干净，好整洁，我还认识了好多地方。

生：我觉得校园这么大，走路的时候要注意安全，不能奔跑，不然就会迷路的。

2.观察图片，认识校园标识

师：是的，我们的校园很大，有很多地方，这些你们都认识吗？（出示图片：厕所、教室、校门、办公室、卫生室、食堂、操场、图书室等。）

（学生回答。）

师：男女生厕所的门牌符号怎么区分？

生：看上面的标志。

师：卫生室保健室是干什么的呢？

生：受伤了可以去。

……

（对各科室的功能进行适当展开。）

师：是的，细心的小朋友一定也看到了这些温馨提示语，提醒我们应该注意什么？（出示楼道、楼梯口等处的提示语。）

生：提醒我们上楼梯要靠右行走。

生：提醒我们不能奔跑。

生：提醒我们不能大声喧哗。

……

3.你说我说，争做小安全员

（1）情景视频1：文明行走。

师：有小朋友正准备上厕所，在路上发生了什么样的小故事呢？我们一起看看吧！

播放小视频：下课铃声响了，小明急着上厕所，于是迫不及待地冲出教室。一不小心，他滑倒在地，被高年级的大姐姐扶了起来。大姐姐轻轻提醒小明……接着，小明来到了厕所门口，可是，他又犯难了，他忘了男厕所是哪个。

师：你觉得大姐姐会和小明说什么呢？

生：下课不能奔跑，这样会很容易摔倒的，下次一定要注意安全。

师：你能帮他找到正确的厕所吗？

生：是这个，上面写着"男"字。

师：如果你是小明，你会怎么做？

（学生讨论交流：文明行走，不奔跑。认准正确的标识，文明上厕所。）

（2）情景视频2：控制音量。

师：小朋友们，小明同学正要去图书室呢，在路上，又发生了什么样的小故事？我们一起看看吧。

播放小视频：借书时间到了，小明准备去图书室，他高兴地跑呀、叫呀，脚踩得非常重，发出了很大的声音，小朋友们纷纷露出了诧异的眼神。

师：小明做了什么？为什么小朋友的眼神这么诧异呢？

生：他走路的声音太响了，脚步这么重，会影响别人的。

生：而且这样跑也很不安全，要轻声慢步，用1级音量。

师：是的，过走廊要轻声慢步，用1级音量。

（3）情景视频3：文明阅读。

师：小朋友们，小明到了图书室借书，又发生了什么样的小故事？我们一起看看吧。

播放小视频：小明到了图书室，他找到一本自己喜欢的书，在小桌子前坐了下来。他边看边读，声音越来越大。这时，图书室管理员向他走了过来。

师：你们觉得小明做得对吗？

生：不对。

师：为什么？

生：不可以大声读书和说话，这样会影响到其他人。

生：图书管理员，应该会对小明说，你不能发出声音，会影响其他同学阅读的。

师：在图书管理员发现之前，小朋友们可以做什么呢？

生：我们也可以提醒小明。

【设计意图】通过观看视频，感受小学校园和幼儿园最直观的不同点：大！正因为大，所以要注意文明和安全。然后，通过图片展示的方式，认识基本的校园标识标牌和温馨提示语，对常去的几个场所进行功能介绍（比如厕所、卫生室等）。再通过情景重现，模拟学生的真实处境，集体交流，增强学生安全行走、文明借阅等文明行为的意识。

第二板块：我能行动，学做"文明小探士"

1. 教师带队，熟悉校园

师：刚刚小朋友们都很能干！现在我们就要去实地认识一下了！校园的每一角，你们都要记住哦！因为你们是校园的小主人了。

［整理队伍，再次强调文明礼仪等要求（轻声慢步、控制音量），然后带队熟悉校园。］

第一站：操场。

功能：早操、大课间运动场所。

注意：去操场途中不奔跑，注意安全。

第二站：食堂门口及用餐区。

功能：取餐盘、添饭添菜的场所。

注意：有序排队，轻声慢步。

第三站：厕所及直饮水处。

功能：方便、洗手，接饮用水的地方。

注意：记住"男"厕所和"女"厕所的标牌，注意排队，正确接温水饮用。

第四站：医务室。

功能：受伤、生病前去的地方。

注意：不慌张，不乱跑。

第五站：各科任课老师办公室。

功能：寻求帮助、解决疑问的地方。

注意：礼貌敲门，文明招呼。

……

（设计好路线，带小朋友们行走一圈，结束后教师带队回教室，稍作休息。）

【设计意图】通过教师带队，实地查看，强调功能和注意点，现场解决学生的困惑，及时解答学生的问题，可以直观高效地为学生展示各个校园场所的功能以及注意事项，起到示范学习的作用。

2. 牵手同伴，自主选择

师：小朋友们，刚刚老师带大家一起绕校园走完了一圈，现在需要你们自己去探索实践啦！大家不能单独行动，需要分组。

（按照前后左右组成小组，确定各小组成员及小组长。）

师：你们准备好了吗？听清楚要求哦！（出示探秘游戏规则）

◇所有同学平均分成小组，每小组 4～5 人，由小组长带领大家互相认识。

◇有 3 种卡片可以选择，分别是：探秘卡 A、B、C，难度依次加大。小组全体成员可以展开讨论来确定最终的选择。注意：难度越高，寻得的宝藏也越多！

（★）探秘卡 A，路线 1：教室→厕所及直饮水处→老师办公室→自由选择点（医务室或餐厅）→教室。

（★★）探秘卡 B，路线 2：教室→厕所及直饮水处→食堂用餐区→老师办公室→自由选择点（医务室、操场或校门口）→教室。

（★★★）探秘卡 C，路线 3：教室→厕所及直饮水处→医务室→操场→食堂用餐区→老师办公室→自由选择点（校门口或阅览室）→教室。

▲由小组长到老师这领取探秘卡，领完卡片的小组可以率先开始。注意：只要集齐所有宝藏（每个点都有盖章）就可以到老师这领取小礼物哦！

［讨论时间为 2 分钟，然后依次领卡（学生基本上领的是三星探秘卡 C）。教师宣布游戏正式开始。］

3. 根据线索，寻宝探秘

各小组开始行动……

需要有多名家长志愿者或老师协助引导，分布在各个地方：厕所、教室、校门口、办公室、卫生室、食堂、操场、图书室等。

【设计意图】通过分组合作、游戏探秘的方式，互相认识班级里的小伙伴，初步培养学生的团队合作能力。同时，探寻路线设置有一定的难度区分，让学生自我挑战，增强获得成功的乐趣。在互相合作、竞争的氛围中，进一步加深对各个标识标牌的认识。

第三板块：我有收获，成为"文明小达人"

1. 颁发奖品

老师在教室等候小朋友的归来，根据小朋友探秘的不同收获颁发奖品。同时，总结校园探秘之旅，回顾走廊行走和上下楼梯的安全文明规则。

2. 总结回顾

师：通过今天的探秘活动，你们有什么收获吗？

生：我认识了厕所、办公室、卫生室、图书室的位置。

生：我学会了上下楼梯应该要靠右行走，文明礼让。

生：我知道了去图书室借书时，不可以大声说话，这样会影响到其他人。借书要向管理员登记，不能随便拿走。

……

师：是啊，你们都总结得很不错！老师相信你们会越来越棒，做一个懂文明、懂礼让的孩子。

第四板块：我能践行，学做文明监督者

师：在接下来的日常学习中，小朋友们积极做好文明监督者，班级中将进行"双文明"评选，请翻到《我好棒！YOYO入学践行册》的第16页——"文明行者和文明监督者"评选表页面。

（1）"文明行者"的要求：轻声慢步，控制音量，见面有礼，文明礼让，学会节约。

（2）"文明监督者"的要求：每天在走廊里、楼梯或路上，学会监督他人践行"文明行者"的要求。

"文明行者和文明监督者"评选表	
荣　誉	要　求
文明行者	我能做到"轻声慢步，控制音量，见面有礼，文明礼让，学会节约"。
	☆　☆　☆　☆　☆
文明监督者	我监督同学"轻声慢步，控制音量，见面有礼，文明礼让，学会节约"。
	☆　☆　☆　☆　☆
注：每践行一项，就可以铅笔涂黑一颗☆，若之后做不到，需要用橡皮擦去一颗哦！获得10颗★为"超级文明星"，获得9颗★为"优秀文明星"，获得8颗★为"进步文明星"。	

【设计意图】为了让学生能够将日常行走校园的文明好习惯牢牢掌握并且在生活中坚持下去，设计了延伸至课后的"双文明"评价方案，帮助学生在每天的行走过程中将文明行为巩固下来，真正养成好习惯。

效果观察

安全上下楼梯，文明借阅书籍，都是学生日常的行为规范，是学生遵纪守法的重要体现，有助于培养文明礼让、责任担当的阳光少年。通过这一课的学习，让孩子们在讨论、交流和实践体验中明白校园各个场所的功能和应该遵守的日常行为规范。学习过后，一年级学生能较好地懂得文明礼让，安全上下楼梯，有突发事件能及时找到相应老师和医生进行求助。

活动建议

这一节课的设计，素材丰富、形式多样。为了让学生更好地了解校园，在教学活动中可以注意以下几个方面：

（1）第一板块，主要在室内进行，以师生交流和学习为主。可以通过图片、案例等多种方式向学生展示校园的每个角落和应该注意的行为规范。

（2）第二板块，重点在于学生对校园的了解与实践。活动中，采用角色扮演的方式，学生化身校园"文明小探士"进行实地探秘。教师可以先带领学生进行安全巡游，帮助学生对校园的各个位置有一个整体的认识。在此基础上，让学生分小组进行探秘，不仅可以加快学生活动的整体进度和有效性，同时也使每位学生都有自主体验的机会。

（3）第三、四板块，重点在于对活动的总结和评比，可以再次巩固学生对文明安全知识的认识。用"双文明行者"的评比，鼓励学生从自身开始，并能监督同学，以养成良好的文明礼让习惯，提高安全意识。

本课设计参与者：章杰　陈园园

第五节　课间活动，安全十分

活动背景

在低年级学生的教育过程中，可以充分借助适合儿童年龄、心理特点的游戏和活动，吸引孩子的注意力，从玩中学。儿童在玩游戏的过程中学到新知识、新能力，有助于孩子们开展自主学习，同时激发孩子们的创造能力。活动和游戏中，学生们作为一个团队要拧成一股绳，齐心协力，懂得如何与人合作，相互支持，相互配合。在文明课间活动过程中形成的良好风貌，也有助于营造一个温馨、快乐、和谐、向上的优秀班集体。

在入学第三天的课程中，引领孩子们学会正确游戏、文明安全活动，既可以与幼儿园的学习方式积极衔接，又能在游戏和活动中，培养孩子们的交往、协作、团结、礼让、管理情绪等素养和能力，促进孩子们健康成长。

活动目标

（1）让学生了解有关游戏和活动的规则，知道文明游戏、安全活动的方式，能正确面对活动和游戏中的冲突。

（2）让学生学会交朋友，感受与同伴共同游戏的快乐，增进友谊，在活动和游戏中控制好自己的情绪。

（3）在活动中培养学生团结合作的团队意识，文明安全的自觉意识，并能管理情绪，积极愉快地参与到活动和游戏中。

活动准备

准备好课间活动视频、团结合作小故事、课件、呼啦圈、计时器、开阔的场地等。

活动过程

第一板块：课间活动，文明安全

1. 观察视频，交流发现

师：小朋友们，课间你们会做什么呀？

（学生纷纷表示：喝水、上厕所、出去玩……）

师：我们来看一个小视频，看看这些小朋友课间在做什么。（播放提前录制的校园课间活动视频）

师：你们看到了什么？

（学生纷纷回答，说出视频中小朋友进行了哪些活动，并指出课间不文明现象。）

- 攀爬栏杆最危险，很容易摔下楼；
- 楼梯上玩耍会把脚扭伤，也影响别人上下楼；
- 下课时大家一起涌出教室，会和走廊中经过的人相撞；
- 教室内追逐打闹，不仅容易把课桌撞歪，还有可能把同学撞倒；
- 教室里玩纸飞机，飞到角落里不捡起来就成了垃圾；
- 走廊里推来推去，很容易和经过的人相撞。

师：我们可以把这些活动归类为不文明、不安全的活动。小朋友们，你们觉得课间哪些活动比较文明呢？你们知道多少呀？

（学生回答。）

师：是呀！小朋友们真棒！

2. 观赏图片，猜测名称

师：除了刚刚说的那些活动，还有哪些活动适合在课间一起玩呢？（出示单人游戏图片：跳绳，跳格子，踢毽子，拍皮球，玩呼啦圈。）

（学生根据图片猜活动名称。）

师：小朋友们玩过这些活动吗？

（学生回答。）

师：做这些活动的时候，要注意哪些安全事项呢？

（学生回答，比如绳子不能打到同学，球不能砸到同学等。）

师：小朋友们玩过这些活动吗？（出示多人游戏图片：欢乐猜拳，集体跳绳，老鹰捉小鸡，击鼓传花，跳皮筋，集体捕鱼。）

（学生回答。）

师：做这些活动的时候，要注意哪些安全事项呢？

（全班讨论活动的注意事项。）

师：（引导小结）选择合适场所，学会礼让，不搞怪，不作弄，相互提醒，注意安全文明。

师：下课后小朋友们可以玩一些文明的活动来度过休息时间，但要时刻注意安全、文明。今天我们就要一起来学一学如何做到——课间活动，安全十分（板书课题）。

【设计意图】通过观看课间视频，直接的视觉冲击让学生对课间不正确的行为所产生的安全事故有一个初步的印象，知道做哪些事情是不文明的，初步感知课间活动文明安全的重要性。然后引入主题"课间活动，安全十分"，增强学生学习的兴趣。

第二板块：充分体验，了解规则

1. 呈现游戏，制定游戏规则

师：课间十分钟休息的时候，我们可以走出教室，玩个小游戏，既可消除大脑疲劳，增进身心健康，又能提高交往能力，增进友谊和情感。

师：刚刚图片中给大家呈现的活动，小朋友们了解规则吗？现在就挑一个，一起了解一下。

欢乐猜拳：两个小朋友站在同一起跑线上，通过"石头、剪刀、布"的方式，赢的同学向前跳一步，输的同学站在原地，看哪一位同学先跳到指定的地点。

师：小朋友们请给这个游戏制定规则哦！
生：输的站在原地不挪动，不能偷跳。
生：赢的同学要向前跳步，不能挪动。
生：输了不能赖皮。
师：是的，需要诚信。

捕鱼游戏：在场地上画出一定范围作为"池塘"，由 6～8 名学生拉起手作为"捕鱼网"，其余学生做"鱼"，分散在"池塘"里。发令后，"捕鱼网"进入"池塘"捕"鱼"，若"鱼"被围住，就算被捕捉了。被捕捉的"鱼"立即加入"捕鱼网"，去捕捉其他的"鱼"。剩下的最后一条"鱼"获胜。

师：请小朋友们给这个游戏制定规则哦！
生："鱼"不能跑出"池塘"，否则没有"鱼"就不好玩了。
生："鱼"被围不能用力冲，不能用力逃跑，否则就会有小朋友受伤的。
生："捕鱼人"只能手拉手去围捕，不能拉人、推人。

2.体验游戏，感受游戏之快乐

师：知道游戏规则了，让我们一起来玩一玩这个"捕鱼游戏"吧！

（在游戏进行时，教师在现场维护秩序，避免学生之间产生冲突，并关注学生在游戏过程中的表现和游戏中发生的问题。第一轮游戏结束后，小结经验。）

师：第一次尝试，你们遇到了哪些困难？

（学生纷纷表达了游戏活动中的困难。）

师：怎么解决呢？想一想，稍后我们再玩一次。

（学生组内讨论解决方案，再次进行游戏。）

2. 游戏结束，分享游戏体会

师：小朋友们，玩得开心吗？那你们认为玩游戏时需要注意什么？

生：刚才太吵了，影响别人了，所以要控制音量，不要大声喧哗吵闹。

生：按游戏规则玩，要团结、合作，不然自己管自己，不按游戏规则玩，游戏就没法进行了。（师板书：团结、合作，遵守规则）

师：在游戏中，你们遇到了什么困难？后来怎么解决的？

生：最开始，我们都挤在一起，没法玩，有的同学还被推倒了。后来，我们按照排队顺序一个一个排好围起来就行了。

师：是的，我们得按照规则来玩，玩的时候得注意安全，有序玩耍。还有什么问题？

生：最后，黄××赢了，其他小朋友输了，有人开始大声指责别人动作慢，还有人眼睛红了要哭，等等。

师：这样好吗？

生：不好，我们是同学，一起玩游戏，要文明。

师：是的，不能太在意输赢，课间休息的时候，我们可以玩这些活动，但是在游戏活动过程中，要——

生：注意控制音量，控制情绪，文明游戏。（师板书）

【设计意图】从学生喜欢玩的游戏出发，玩中学，学生便乐于学。在游戏过程中渗透规则意识，让学生明白遵守规则才能文明有序进行游戏。在游戏过程中遇到的问题，让小朋友们思考解决，充分感受团结、合作的重要性。同时，还要明白游戏活动中控制音量和情绪的必要性。

第三板块：活动达人，我来争当

1. 分享活动注意事项

师：你们还会其他小游戏吗？能和大家一起来分享游戏玩法吗？

（学生介绍新游戏：捉迷藏、跳跳龙……）

师：这么多游戏，老师听了也很想玩，那你们觉得在做游戏时需要注意什么呢？

（学生纷纷回答：控制音量，控制情绪，不与同学产生冲突。）

师：我们要文明游戏，注意音量，控制情绪。

2."文明小达人"评选

师：刚才同学们说了这么多的游戏，我们选一个说一说，看看怎样活动最文明、最安全。然后比一比，看看谁能成为"文明活动小达人"！

请大家翻开《我好棒！ YOYO 入学践行册》第 17 页——游戏活动"文明小达人"评选表。要求：

（1）能积极参与游戏，遵守游戏规则；

（2）能做到游戏进行时控制音量，控制情绪；

（3）保护好自己，做到安全第一。

游戏活动"文明小达人"评选表		
候选人 _____		
我能遵守游戏规则	我能自我控制	我能保护自己
☆ ☆ ☆	☆ ☆ ☆	☆ ☆ ☆

师：自己觉得做到了，就给自己涂黑一颗☆，同伴也觉得你做到了再涂黑一颗☆，老师认为你做到了，也涂黑一颗☆，都做到了就是我们的"文明小达人"哦！

【设计意图】本环节通过自主介绍游戏，激起学生主动参与的兴趣。再通过"文明小达人"的评选，让学生在游戏的同时关注安全游戏、文明游戏，以适当音量说话、玩游戏，做到文明游戏。在活动中培养学生团结协作、互助互爱、讲诚信、懂规则、行礼仪等意识，增进学生间的友谊。

第四板块：参与活动，安全十分

1.顺口溜《快乐课间，我文明》

师：马上要出去活动啦，让我们一起来学一首顺口溜。

快乐课间，我文明

课间休息不吵闹，喝水放松别忘掉

跳绳踢毽编花篮，文明游戏不追跑

帮助调节休息好，课间活动很重要

下课了，快来吧，做游戏，都参与

你也来，我也来，这一排，那一队

有猜字，有踢毽，有砍包，有跳绳

手拉手，多有趣，你开心，我开心

校园活动不疯狂，危险动作一扫光

同学之间有摩擦，宽容礼让是良方

（师生一起跟着拍手读，放松心情。）

2. 参与活动，争做"文明小达人"

师：现在我们一起挑一个游戏，一起去活动吧！

（教师重申游戏规则，提醒学生文明游戏。游戏结束，学生相互评比，评选游戏活动"文明小达人"。）

我要申报
游戏活动"文明小达人"
申报陈述：
1. 我获得了"文明★"_____个。我是（超级 优秀 进步）"文明小达人"。
2. 我对自己的双文明行为评价是（非常文明 文明 较文明 还需努力）。
申请人_____
日 期___月___日

喜 报
祝贺 _____ 小朋友
获得游戏活动"文明小达人"
的称号。
___年___班
___月___日

师：小朋友们，我们学会了如何过一个文明、安全、健康、快乐的课间十分钟。恭喜大家成为游戏活动"文明小达人"，尽情地享受你们的课间十分钟吧，让校园充满你们的欢声笑语！

【设计意图】在顺口溜的念唱活动中，让学生加深对于文明课间的印象。为了让学生对课间文明礼貌有一个新的认识和了解，同时体会课间文明的重要性，组织实施一个游戏活动，并在活动之后及时进行游戏活动"文明小达人"的评选，强化孩子的文明行为，并落实到之后的每一个课间活动中。

效果观察

　　学生喜欢在课间游戏和活动，游戏中也蕴含着安全文明、情绪控制等行为能力。学生在课后，能懂得游戏活动时要注意安全，基本上能做到遵守游戏规则，不喧哗吵闹，能控制音量，会控制情绪，很好地避免了同学间的冲突，真正做到了文明游戏，安全十分。当然，这些有益的活动，不仅愉悦了学生的身心健康，增进了孩子间的友情情感，更能开发孩子们的智力，促进今后的学习，实现劳逸结合。

活动建议

　　整节课穿插了两个游戏活动，活动之后的小结时间比较难以把握，因为活动之后，学生大多比较兴奋，情绪的安抚有点困难。建议如下：

　　（1）第一板块重在认识，不安全的游戏活动视频需要提前进行拍摄，最好能够拍摄到学生经常活动的场地中出现的那些不安全、不文明活动，学生有体会，更容易引起反思和共鸣。

　　（2）第二板块是这节课的重点，要让学生明白规则意识，真正学会文明活动。充分利用现场的真实游戏活动，让孩子们在活动过程中，充分去体验制定活动规则、参与游戏活动，从而体会到遵守规则和文明参与的重要性，学会安全活动。

　　（3）第三板块是"文明小达人"的评选，让孩子们充分认识如何评选。因为有同伴评的环节，需要跟孩子们说明评价时要实事求是，避免乱评价带来争议。

　　（4）第四板块是利用课间活动进行评比的现场实践，学生会比较兴奋，教师需要时刻关注学生的动态，尽量让每个学生都投入到游戏中去。

　　　　　　　　　　　　　　　　　本课设计参与者：田野小怡　童惠琴　韩冬

第六节　我的学校，我来说说

活动背景

小学一年级，是每个孩子人生的新起点，小朋友满载着美好的憧憬和家长们美好的期待步入校园。入学几天来，家长会时刻关注孩子们在学校的动态，通过孩子们的描述来了解老师的关心情况，孩子在学校的所见所闻，以及融入班级情况等。因此，本活动把学校、学校的文化、学校的特色及内涵介绍给孩子们，让他们回家可以说说学校，说说校园，跟爸爸妈妈谈谈自己看到的学校，自己认识的文化，以及需要遵守的规则，给孩子们一个温馨的展示机会，勾起孩子暖心的回忆。当然也期待通过这样的教学，让一年级小朋友感受新学校、新集体的温暖与精彩，初步了解小学的学习生活和基本规则，为顺利开启小学的学习生活奠定良好的基础。

活动目标

（1）引导新生充满感情地回忆最喜欢的课程、老师和活动，了解学校文化，知晓并能简单地介绍学校的主要特色，明白并懂得遵守校园生活的规则的重要性。

（2）通过照片、视频等途径，结合新生的观察，让新生更深层次地了解校园及文化内涵，激起新生对校园的自豪感，并产生积极的向往和进一步了解的期盼。

（3）让学生能把自己了解的学校文化、校园特色活动，向家人做一些简单介绍。

活动准备

PPT、视频等。

活动过程

第一板块：知我学校，说我学校

1.校园文化知多少

（1）小抢答。

师：小朋友们，现在我们来做一个小游戏，举手抢答问题，哪个小组回答得又快又正确可以获得奖励哦!

- 学校全称叫什么？
- 学校校标是一个什么样的图案？
- 学校校标中的图案代表着什么呢？
- 校园吉祥物叫什么？

（学生回答后出示学校全称、校标、吉祥物，让学生同桌之间说一说。）

（2）小展示。

师：刚才介绍的校名、校标和吉祥物，你们在校园里有注意到吗？在哪儿可以找到它们呢？

（学生回答。）

师：（出示校门口、门厅展示区的校名、校标和吉祥物，以及YOYO钥匙扣、鼠标垫、靠垫、魔方、纸杯、圆珠笔、信封、信笺纸、校服上的校名、校标和吉祥物）小朋友们，这些标识为什么会出现在这些地方或物品上呢？

师：（学生回答后，引导小结）校标是我们学校一种特有的标识，看看它的形状，像一扇窗户，寓意着为每一个小朋友的幸福成长打开一扇快乐之窗；又像一个风车，寓意着同学们的童年犹如转动的风车，五彩缤纷，充满生机。因此我们的学校是一所温暖的学校，像家一样的学校。你们能在校园里健康、快乐、阳光、自信地成长是多么幸福！小朋友们，你们喜欢我们的学校吗？

生：喜欢！

师：老师这儿准备了这些物品，刚刚表现非常好的几位小朋友，可以来选一样自己喜欢的礼物哦！接下来看看小朋友的表现，谁发言积极、表现认真，也能来选一样哦！（准备充足的小礼物，每位小朋友至少一个。）

（学生跃跃欲试。）

2. 说说校园我最爱

• 你最喜欢学校的什么地方？

• 你最哪一门功课？

• 你最喜欢哪位一位老师？

• 你最喜欢哪位一位同学？为什么？

（请学生回答，教师给予适当引导。）

【设计意图】对不同校园标识进行深入了解来熟悉校园文化，既能让学生进一步感受学校的文化理念，又能让学生对学校产生亲近感，从心底里拉近与校园的距离。课堂上开展了小组竞赛活动，让学生积极主动地回答问题，不仅增强他们的记忆，也激发了他们对校园的亲近和热爱之情。

第二板块：爱我学校，遵守规则

1. 懂规则，明纪律

播放小视频《YO 宝的一天》：展示小学生上学讲礼仪、出操讲秩序、上课比认真、课间讲安全、午餐讲文明、午休最安静、打扫讲卫生、放学讲礼貌等一日校园生活。

师：小朋友们，这是我们在学校的一天，请你们仔细观察，在学校里YO 宝是怎么做的呢？

（学生观看视频后，根据自己的记忆来复述。）

师：（引导小结）上学讲礼仪、出操讲秩序、上课比认真、课间讲安全、午餐讲文明、午休最安静、打扫讲卫生、放学讲礼貌。

【设计意图】一年级小学生刚刚步入校园，对学校里的规则还不适应，通过观看视频《YO宝的一天》后的相互讨论、自由发言，让学生了解校园生活，初步懂得遵守校园生活规则的重要性，逐步形成遵守学校生活规则的好习惯。

2. 小标语，大作用

师：小朋友们，除了你们刚刚在视频里看到的内容，不知道你们有没有发现，学校的墙壁上还有一些标语，你们知道这些标语是什么内容吗？

（学生自由回答，如：同学见面说你好！上下楼梯请靠右慢行。今天，你垃圾分类了吗？端端正正写字，堂堂正正做人。）

师：（出示校园墙上的文化标语）小朋友们认为这些标语是什么意思呢？

（学生回答。）

师：这些小标语在校园特定的地方提醒着我们，我们要经常抬头看看它们，跟它们打招呼问好。哪位小朋友愿意跟小标语问好呢？

生：标语"上下楼梯请靠右慢行"，你好！

生：标语"今天，你垃圾分类了吗？"，你好！

……

师：下课以后你们也可以再去跟校园里这些可爱的标语打打招呼哦！其实在校园的角角落落，还藏着许许多多有趣的东西等着你去发现呢！

3. 小理念，大目标

师：（出示学校理念：让每一个孩子获得成功）小朋友们，你们认为这句话是什么意思呢？

（学生回答。）

师：（引导）每一次收获，就是获得成功！每一次改变，就是获得成功，每一次进步，就是获得成功。成功，是每一位小朋友获得的成长和进步。

师：（出示校训：自律、好学、友善、担当）这句话，小朋友们又怎么理解呢？

（学生回答。）

师：（引导）自律，管理好自己，成为自己的小主人；好学，做一个会学、善学、乐学的学生，让学习陪伴一生；友善，互相信任、友善，懂得感恩；担当，要做一个勇敢、为自己行为负责任的阳光少年。

【设计意图】通过让学生观察校园内墙上标语的图片来学习、初步感知学校的办学理念，培育自己的发展目标，同时也鼓励学生们课后能更细心地看一看校园环境与布置，让学生初步适应并喜欢校园生活。

第三板块：精彩活动，我爱我校

1. 走进学校课程

师：小朋友们，你们有没有发现，我们校园墙壁上挂得最多的作品是什么呀？

生：书法作品。

师：是的，因为我们学校是书法教育的特色学校。同学们，那你们学过书法吗？你们对书法有哪些了解呢？

（学生自由回答。）

师：（播放学校课程宣传片）看了这个视频，请小朋友们说说，除了书法，我们学校还有哪些有意思的课程呀？

（学生回答。）

师：小朋友们，这些课程将来我们都是可以去选择参加的，你们看大哥哥大姐姐们参加了这些课程，通过努力，还为我们学校赢得了那么多的荣誉，厉害吧？

生：厉害！

师：只要大家喜欢，通过努力，你们也能参加哦！也能像他们一样获得荣誉，为校争光。

2. 我爱校园活动

师：我们的校园不仅有温馨舒适的教室、如茵的绿树、美丽的花坛、高大的教学楼、漂亮的操场，还有很多好玩的、有趣的节日和活动呢！下面请大家来看看校园中精彩的活动吧！（播放校园活动节宣传片，包括悦读节、艺术节、书法节、体育节、财商节等。）

师：看了宣传片之后，你们最喜欢哪个节日呢？请和你的小伙伴相互说一说吧！

（学生小组交流。）

3. 校园璀璨历史

教师播放校史宣传片，学生观后自由讨论。

【设计意图】将学校的主题活动课程（如节日文化课程、少先队课程）和特色活动（如书法节、足球节）的精彩照片编辑成图文并茂、生动有趣的美篇，学生边欣赏，边听老师介绍，可以有效增强校园文化的吸引力、感染力，使一年级新生对精彩的校园生活充满新奇和向往，在潜移默化中激发他们对学校的喜爱。

第四板块：我的学校，我能介绍

师：小朋友们，你们看到了吗？我们学校多么令人骄傲呀！这些图片和视频，让你们印象最深的是什么？

（学生举手发言。教师布置任务：你能做我们学校的代言人吗？请把你所了解的，告诉你最喜欢的人吧！）

师：那么，你们想不想当一次小导游，把自己刚刚所了解的内容进行介绍呢？

生：想。

师：你们想介绍给谁呢？

（学生回答。）

师：你们会怎么介绍呢？哪位小朋友试试？

（学生试着介绍，教师引导。）

师：请小朋友们翻开《我好棒！ YOYO 入学践行册》第 18 页——"我做学校代言人"，请小朋友们回去把自己熟悉的校园介绍给他们，看哪位小朋友介绍得最棒！

	校园文化	校名、校标、吉祥物、YOYO 小礼物。		注：请把你
我做学校代言人	校园我爱	我最喜欢的课程、地方、老师、同学。		介绍的内容
	校园一天	我喜欢一天的哪段时间？我该怎么做？		打"√"，你
	校园标语	我记得的校园标语，是什么含义？		觉得自己的
	学校理念	让每一个孩子获得成功；自律、好学、友善、担当。		介绍可以得 ☆ ☆ ☆ ☆ ☆
	学校课程	书法，室内乐团，足球……我最喜欢什么？		（请涂黑）。
	校园活动	悦读节、艺术节、书法节……我最喜欢什么？		

师：（小结）小朋友们，通过今天的学习，相信你们对学校一定有了更多的认识，今天放学回家快给家里的长辈和小伙伴们讲一讲你们的新学校是什么样的吧！看哪位小朋友的校园形象大使当得最棒！

【设计意图】通过任务布置，让学生回去把自己初步了解的学校文化、办学理念、特色课程及校园活动节等，按照自己的理解来进行介绍，激发学生的学校文化自豪感，增进学生对学校的认可与喜爱，也增进家长对学校的了解和认同。

效果观察

"学生的适应从了解开始。"新校园，新起点，新征程，在这场"校园文化旅行"中，孩子们慢慢放下了拘束和紧张，他们更深入地领略学校文化的魅力，了解学校课程活动，激起深入学习的愿望，增进了对学校的亲近感、认同感和自豪感，逐步把对学校的爱转化为自觉行动，为开启小学生活奠定良好的基础。

尤其是"我做学校代言人"活动，可以让他们在充分了解学校的同时，把自己的学校介绍给家人，也深刻地唤起了孩子们的自豪感和认同感，使得他们更加热爱学校，更努力地维护学校。

　　这一节课的设计素材丰富、形式多样，让学生喜欢上学校，喜欢学校里的人和事，喜欢学校里的环境。这三者有机联系，相互影响。这节课的内容非常多，一节课上完不是很容易。在教学中可以注意以下几个方面：

　　（1）第一板块相对较为简单，课后可以让学生与校园内找到的吉祥物进行合影，也可以让学生周末带爸爸妈妈来参观自己的校园。为了进一步增强学生对学校文化的认同，可以准备一些带有学校 logo 的小物品赠送给在活动中积极发言或回答出色的学生作为纪念，以激起孩子们的兴趣。

　　（2）第二个板块重点在于学生对于校园规则的感知、了解与发现，通过观看《YO 宝的一天》这一视频，让学生对校园规则有非常深刻的印象，教师要注意在每天的日常行为规范中对学生进行提醒与严格要求。

　　（3）第三个板块重点在于通过精彩的宣传片视频、图片等激发学生对于校园文化的认知和认同，让学生了解我校的校园书法特色、特色节日活动、拓展性课程等，增强学生对于学校的荣誉感和自信心，从而更加热爱学校。因此，需要精简内容，选择最精彩的、最能体现校园特色的课程和活动进行介绍，以免过于拖沓造成时间不足、孩子厌学。

　　（4）通过本节课的学习，让学生尝试向爸爸妈妈介绍自己的校园，在这个过程中增进家长、学生对于学校文化的认知与认同，提升家长对学校办学的信心。还通过小导游角色扮演，让学生在校园内尝试介绍自己所了解的校园，以增强对校园的了解与自信。

本课设计参与者：叶萌　金舒曼

Chapter 4

第四章

校园一天创

第一节　小小课表，我会制作

活动背景

　　课表是帮助学生了解课程安排的一种简单表格。学生的日常学习生活与课表息息相关。认识小小的课表，不仅可以让新生快速了解学校的课程学习安排，更重要的是，还可以培养学生自主准备、自主整理的能力。学生可以提前了解到下一节课的课程内容是什么，是哪位老师来上课，需要用到哪些学习用品，自觉做好课前准备和预习准备。为了能让新生进一步熟悉课表内容，本课增加了课表的简单制作环节，期待通过亲手制作课表，激发新生对课表的兴趣，了解到课表的作用，也为将来培养学生根据课表进行课前准备、学科预习的能力做准备。

活动目标

　　（1）教会学生认识课表，认识课表上的纵横，运用纵横看懂课表。

　　（2）让学生看懂课程安排以及了解课表的意义，通过认识课表熟悉课程安排，激发提前准备的意愿，养成看课表的习惯。

　　（3）让学生在课堂上学会制作简单的课表，回家跟爸爸妈妈一起绘制一张属于自己的创意精美课表，学会根据课表进行学习的准备及预习。

活动准备

收集相关班级课表，准备课件材料，为学生准备空课表。

活动过程

第一板块：趣味谜语，导入课表

师：今天老师给大家带来了一个猜谜语游戏，看哪个小朋友猜得又准又快，想不想挑战？

生：想！

师：大家可要竖起耳朵仔细听好喽！它跟我们的学习生活密切相关。

生：铅笔、橡皮、课本、练习本……

师：不急，还有信息，它的样子可以是多种多样的，颜色也可以是丰富多彩的。猜得出来吗？

（学生猜。）

师：不是，要不再来个信息吧！它可以藏在我们的铅笔盒里，也可以放在我们的床头，还可以塞到书包里，是我们每天都要见面的好朋友。

（学生回答。）

师：你们的想象力真丰富，可还是不对。老师最后给大家一个信息，它的上面有很多小格子，记载着非常重要的信息，我们每天、每周的学习内容都在上面。大家说，是什么呢？

生：课表。

师：真厉害，就是我们学习生活的好伙伴——课表。

【设计意图】从猜谜语游戏引出课表，激发学生积极参与后续学习的兴趣，同时在谜语的谜面中体现课表的特点与用处，让学生在猜谜语游戏中明确课表的特点，感受到课表是今后学习生活的好伙伴，激发认识课表的兴趣。

第二板块：认识纵横，看懂课表

1. 初识课表，了解信息

师：来！小朋友们，这就是我们的课表。

（PPT 出示班级课表。）

师：你们在上面可以了解到哪些信息呢？

（学生自由发言：语文、数学……，有吴老师、董老师……，还有星期一、星期二……，有上午、下午以及 1、2、3、4 等。）

2. 了解纵列，读懂一天

师：小朋友们的认识很多，真能干，真的和你们说的一样吗？课表会告诉我们准确答案，我们一起来看看。你们看懂了什么？请你们拿出老师为每位同学准备的小小课表，和同桌说说你们在课表上得到了哪些有用信息。

时段	节	星期一	星期二	星期三	星期四	星期五
上午	1	语文（吴）	数学（高）	语文（吴）	语文（吴）	数学（高）
	2	体育（董）	语文（吴）	音乐（张）	语文（吴）	语文（吴）
	3	音乐（张）	语文（吴）	数学（高）	数学（高）	体育（董）
	4	数学（高）	美术（王）	语文（吴）	美术（王）	科学（高）
下午	5	语文（吴）	体育（董）	体育（王）	德育综合（吴）	德育综合少先队课程
	6		拓展性课程（一）			

（学生讨论、交流。）

生：我们知道了星期一上午，从第一节到第四节，分别有语文、体育、音乐、数学课，我还知道是由吴老师、董老师、张老师、高老师上课。（PPT 将星期一这一列标红）

师：哇，你一口气说了这么多，你是怎么知道这些是星期一的课程的呢？

生：最上面一排告诉我们是星期一。

师：星期一的课程内容在表格的哪儿呢？

（学生回答后，引导小结：第一列，星期一。）

师：你有一双会观察的眼睛。

师：那星期二有哪些课程？我请一个小朋友上来边指边说。

（学生展示。PPT将星期二这一列标红。）

师：同意的小朋友为他鼓鼓掌。那星期三呢？谁来挑战？

（学生展示。PPT将星期三这一列标红。）

师：我们一起来说星期四的课程。（PPT将星期四这一列标红）星期五的呢？（PPT将星期五这一列标红）

3. 看懂横排，明白节次

师：这张课表，还可以怎么看？你看懂了什么？

生：可以这样横着看。（学生上来指一指、说一说）横着看，数字"1"表示第1节。（PPT横向标蓝）

师：嗯！小朋友们同意他的说法吗？

生：同意。

师：那继续说一说，这些数字宝宝的奥秘。

生：数字"5"表示第五节……

师：我们班的小朋友真厉害，看来大家已经看懂课表了，真棒！

【设计意图】通过不同的观察角度，让学生学会如何正确地看课表，横着看可以知道是第几节课，竖着看可以知道是星期几的课，从而初步了解课程安排情况，同时在这个过程中渗透数学中的行列概念及统计方面的基础知识。

第三板块：寻找功课，熟悉课表

1. 快速寻找，熟悉纵横

师：小朋友们已经基本认识了课表，我们竖着看——星期几，横着看——第几节课，小朋友们都学会了，对吗？

生：是的，学会了。

师：那我来考考大家，今天是星期四，第四节是什么课？

生：美术课。

师：你们是怎么看的？

生：我是这样看的，我先看星期四这一列，然后找到第四行就是美术课。

师：真棒！还有一节美术课在星期几第几节？

（学生回答。）

师：请找出一节自己最喜欢的课，跟同桌说一说，在星期几第几节课，哪位老师来上课。

（学生讨论后汇报。教师梳理小结"看课表的秘诀"：小小课表我会看，竖着看是星期几，横着看是第几节，横竖需要一起看。）

2. 寻找信息，对比发现

师：同学们学会看课表了，真是太能干了！老师有一个更难的问题，大家想挑战吗？

生：想。

师：老师的疑问是语文课在星期几？

生：星期一、星期二、星期三……每天都有。

师：哦！那你们能在课表上圈一圈，然后说一说语文课分别在星期几第几节吗？

（学生同桌合作，汇报。）

师：算一算，一个星期里，我们有几节语文课？

（学生统计。）

生：语文有9节。哇！那么多？语文课为什么那么多呀？

师：小朋友们认为，语文课为什么特别多？

生：语文最重要，吴老师最好，我们要认识的字特别多……

师：小朋友们，学什么都需要运用到文字、语言，对吧？所以语文课就最多啦！那你们还发现了什么？

生：数学有5节，体育有4节，音乐有2节，美术有2节，德育综合有2节，科学有1节，还有1节拓展性课程。

生：一个星期一共有26节课。

师：是的，小朋友们在学校里，一个星期能学到这么多门课程，是不是感到很骄傲呀？

生：是。

【设计意图】利用快速寻找的活动，让学生熟练结合纵横方法看课表，进一步巩固学生看课表知课程的能力，也为下一个环节制作课表做铺垫。同时在交流互动中引导发现每门功课的节数，重点讨论了一周最多的课程，渗透了统计知识，让新生进一步了解课程安排情况以及安排的合理性。

第四板块：了解用途，制作课表

1. 了解课表的用途

师：通过刚才的活动，我们已经基本认识了课表，学会了如何看课表。大家想一想，课表有什么作用呢？

生：知道每天的课程，知道是哪位老师来上课。

师：知道每天的课程后，可以帮助我们做哪些事情呢？

生：提前拿出课本。

师：真棒，谁再来补充？

生：做好下一节课的课前准备。

师：是呀！小小课表有大大的作用，接下来我们就来看一看如何运用课表做好课前准备！

2. "记住"课表

师：既然课表这么重要，你们能记住课表吗？

生：能。

师：请大家闭上眼睛，回忆一下，星期三第三节是什么课？

生：……

师：哈哈！记不住吧！小朋友们，不用记在脑子里，我们把课表记在一张纸上，就可以了，拿出来看看就好了！

生：嗯！

师：那想不想动手来制作一张属于自己的课表呢？

生：想。

3. 制作一张课表（回家完成）

师：接下来，有一个很美好的任务哦！你能照着老师给的课表，回家跟爸爸妈妈一起，制作一张属于自己的课表吗？

生：好的。

（出示制作一张有特色的课表的要求：制作一张跟班级课表一样能准确

反映课程安排情况的课表；有自己的特色元素，要有一些自己喜欢的色彩；适合放在铅笔盒里，或是可以贴在床头等醒目位置；本次制作活动，第二天进行粘贴展示，将评选出"最佳制作奖"若干名。）

师：要求就在老师给小朋友的这张课表的后面，大家看清楚要求了吗？回家和爸爸妈妈一起制作一张属于你的趣味课表吧，看在座的小画家们的表现啦！

请小朋友翻开《我好棒！ YOYO入学践行册》第19页——"我设计的课表"粘贴页，我们可以把自己设计的小小课表粘贴在这儿哦！

【设计意图】本环节对课表的用途进行了揭示——为课前准备做铺垫，并且要求把课表记录在纸上。和爸爸妈妈一起制作小小课表，是一件非常美好的事，可以增进亲子交流，也可以让父母了解课程安排，以便督促孩子们做好第二天的课程内容准备。

效果观察

对新生来说，小小的课表中藏着这么多的小秘密，需要一一去洞悉了解。

通过这节课的学习，新生基本能正确读懂课表了，他们非常清楚地知道每一天的课程分别有哪些，还知道哪些课程安排在第几节，是哪位老师来上课。知道了这些，可以帮助新生为下一节课做好课前准备，更容易进入上课状态。家庭制作小小课表，不仅让爸爸妈妈饶有兴趣地参与孩子们的课表制作，更让父母充分了解学校的课时安排，帮助他们更好地督促孩子预习及为第二天的学习做准备。根据课表整理书包也减轻了孩子们书包的重量，家长对此表示了支持，对学校细心的安排表示点赞。

活动建议

这节课学生参与的积极性很高，课表本就是学生需要熟悉的内容。那么简单的一个课表，为什么需要花一节课来认识呢？

（1）第一板块是激趣引入，通过猜谜语对课表的特点与作用进行了解，在课堂结束后可以再一次进行对照，用来前后呼应。

（2）第二板块是认识课表，了解信息。对成人来说看似简单的课表，对新生来说并不容易。很多新生横竖概念不强，识别时会出现一些跳格的现象，所以课前要为每一位新生准备一张课表，半张A4大小，太大展开不易，太小看不清。

（3）第三板块是熟练寻找功课，是对上一个板块的巩固。可以让学生在课表上圈一圈，跟同桌说一说，培养学生的观察能力、表达能力及小组合作能力，为后续的合作学习做铺垫。此外，这里渗透了统计知识。当然，统计一个课程的数量，不是本节课的重点，老师可以根据学生认知能力及课堂的时间安排进行调整。

（4）第四板块是小小课表的制作。这个内容非常重要，需要让父母参与，目的是让父母了解孩子学校的课程安排情况，这是督促孩子预习和做好第二天的学习准备的重要前提。任务要求，需要在家校联系群里提醒家长，取得家长对孩子的支持协助。第二天需要有一个展示，激励学生和家长更加投入。

本课设计参与者：吕雨馨　章奇华

第二节　我会上课，更会准备

活动背景

　　好的开始是成功的一半，充分的准备是成功的前提。在新生所需要养成的许多习惯中，课前准备是一个非常重要的习惯。上一节课让新生认识了课表，涉及了一些课前准备工作重要性的渗透。对于下一节上什么课，做什么准备，明天有什么课，小书包里要放哪些学习资料，带哪些学习用品，需要有一个提前准备和整理的意识，这个准备过程还为进一步培养学生根据课表进行预习的习惯做铺垫。对一年级的新生来说，养成提前做好准备的习惯有一定的难度，需要有一个反复提醒和训练的过程。本课的关键在于培养学生乐于整理的兴趣。因此，在活动过程中，以小竞赛和游戏的形式为主，训练孩子的动手能力、反应能力，培养孩子对课前准备的浓厚兴趣，让他们体验不做课前准备带来的麻烦，感受课前准备很简单、有趣，从而增强孩子们做准备的愿望，慢慢养成课前准备的习惯。

活动目标

　　（1）让学生体验未做课前准备的不便，激发自主进行课前准备的愿望，从而积极进行课前准备。

　　（2）使学生迅速、准确地根据课表做好课前准备。

　　（3）让学生了解每天的课程安排，能根据课程情况整理书包，学会利用课表有序安排自己的学习生活。

活动准备

调查课前不做好准备工作的麻烦，汇集学生的前期调查，制作课件等。

活动过程

第一板块：情景导入，揭示准备之重要

1. 模拟上课

师：小朋友们好！这节课呀，一起先去看看语文书准备了哪些我们需要学习的知识，请小朋友们翻到第 2 页。

（等待十秒钟左右，老师开始领读：天、地、人。有的七手八脚在翻抽屉，有的在翻书包，有的还在与同桌窃窃私语，有的傻傻地呆坐着，有的则举手示意书没带……没有几个孩子能跟上老师的上课节奏。）

师：请小朋友们停下手中的事。来，一二三（生：静下来），小嘴巴（生：不说话）。

（学生坐端正。）

2. 揭示课题

师：嗯！上课状态不错，小口令很响亮！那刚刚为什么有那么多的小朋友显得有些手忙脚乱呢？

生：我们没有做好准备。

师：那应该怎么办？

（学生纷纷表示，老师应该提前告诉大家准备好语文书，有的则表示可以看课表，有的说今天的课表不一样。）

师：是的，提前知道是什么课，及时做好准备，是我们小学生一项大大的本领，你们想掌握这项本领吗？好！我们不仅会上课，更要学会准备。

（板书：我会上课，更会准备）

【设计意图】利用简单的真实课堂模拟，让学生参与其中，在活动中感受到没做好课前准备所产生的忙乱，审视"没有准备"的问题，在亲身体验

后，激活学生参与的兴趣，奠定进一步探索的基础。

第二板块：结合课表，明白准备什么

1. 知用途

师：刚才有小朋友提到了课表，我们认识课表吧？也学会了如何看课表，对吧？大家想一想，课表有什么作用呢？

生：知道每天的课程，知道是哪位老师来上课。

师：知道每天的课程后，可以帮助我们做哪些事情呢？

生：提前拿出课本。

师：真棒，谁再来补充？

生：做好下一节课的课前准备。

师：是呀！小小课表有大大的作用，接下来我们就来看一看如何运用课表做好课前准备！

2. 做准备

师：今天是星期四，现在是第二节，应该是？

生：语文。

师：那我们该如何做好语文课的课前准备呢？

生：拿出语文书、写字本、练习册、刨好的铅笔、橡皮等。

师：你们认为呢？

生：是。

师：叮铃铃，下课了，下一节是数学课，我们应该怎么做？

生：先准备数学课本、数学练习本、铅笔、橡皮，还有尺子，然后出去上洗手间，去休息。

生：先要把语文书、写字本、练习册放好，再准备数学课要用的东西，出去休息时还要把椅子放好。

师：（引导小结）下课我们应该先做好四步：（1）准备下节课。下课时，看课表，先把用具准备好，再把椅子轻轻放。（2）上洗手间。（3）喝水、放水杯。（4）文明休息。课间游戏要文明，不打不闹不追跑。

3. 说一说

师：来！老师要求一位小朋友来扮演铃声的角色，告诉大家今天是星期几，第几节课要下课了，请大家准备哦！

生：今天是星期二，早上第三节课要下课了，叮铃铃，铃声响，请大家准备好第四节课哦！我们下课应该做好哪些事情？

生：第四节，美术课。

生：先收拾好语文课的课本、写字本、练习册。

生：拿出美术纸、画笔。

生：上洗手间，喝水，出去玩。

师：请同学们分组说一说周（ ）第（ ）节是什么课，下节是什么课，要做好哪些课前准备。

（学生说给同桌听。）

【设计意图】通过课表的作用让孩子意识到课前准备的意义，以说一说的方式让学生梳理课前如何准备，并进一步提升学生看课表及根据课程内容做准备的能力。结合课间休息，让学生有一个先准备再休息的意识，为后续的衔接课程做准备。

第三板块：学会摆放，懂得正确准备

1. 看个小视频，学摆放

播放小视频：叮铃铃，下课了！小明看了课表，发现下一节是美术课，拿出画笔、彩色纸，随便往桌面一丢，就走了！桌面乱乱的。

师：小朋友们，看看小明，请你们说说，小明做得怎么样呀？

生：小明有做课前准备，但准备得很乱，上课的时候还是很麻烦。

师：你们同意吗？那应该怎么办呢？

生：应该摆放整齐，这样就不会乱了。

师：那我们在做课前准备时，学习用品应当放在什么地方呢？

（学生回答。）

播放小视频：学习用品就像我们小学生的座位一样，都有一定的位置。课本在上面，本子在下面，叠在一起，放在左上角，铅笔盒放在桌面正前方。在放铅笔盒前，要检查一下，橡皮是不是也准备了，铅笔有没有刨好，要不要再刨一下。

师：这些准备，要在什么时间做呢？
生：上一节课下课时做。
师：我把课前准备工作编成了一首儿歌，我们来学习一下。

> 铃声响，下课了！
> 出去之前先准备，
> 先去看看功课表，
> 书本练习本左上角，
> 笔盒放在正前方。
> 铃声响，上课了！
> 已经准备我不慌，
> 老师夸我做得最好！
> 做得最好！

2. 来个小竞赛，速准备
师：来一个课前准备小竞赛，有没有信心挑战一下？
生：有。
师：真棒！请小朋友们再拿出上一节课发给大家的小小课表。
（PPT 出示课程表，以及秒表计时器。）
师：竞赛规则是，听一段音频，按照音频提示的学科来准备，准备好了举手不出声，看看屏幕显示的是几秒。准备好了吗？
生：准备好了。

播放音频：铃声响，下课了！出去之前先准备，先去看看功课表，原来下一节是语文课。秒表读秒开始。

（学生进行练习，对快速准备的孩子给予口头奖励。）

【设计意图】提前准备、快速准备、正确准备是课前准备的三个基本要素，本环节通过观视频、辨析、小结、竞赛的方式，在进一步巩固读懂课表的基础上，进行快速的课前准备训练，让学生进一步熟练掌握，增强准备的意识，养成主动准备的习惯。

第四板块：对照课表，为明天而准备

1. 探究准备的价值

师：刚刚小明也跟着大家学习了课前准备，现在怎么样了呢？

生：很好。

播放小视频：小明下课之后，对照课表及时进行整理，得到了老师的表扬。第一天晚上，他没有看课表，科学书落在了书桌上，忘记放进书包。第二天，在进行科学课的准备时，他找得满头大汗，就是找不到科学书，上课铃声响了，他才急急忙忙地跑去上厕所。

师：发生了什么？小明的课前准备很充分呀？怎么还这样呢？

生：（纷纷表示）小明没有提前了解第二天的功课安排，没有做好准备，所以就这样了。

师：还有没有因为没做好准备导致事情无法做好的情况？

（学生举例。）

师：那应该怎样做第二天的准备工作呢？（引导小结）睡前做好课前准备，看好课表很重要！

2. 明天准备什么

师：是的，明天什么功课，今天晚上回家就准备什么课本，也很重要。老师请一位小朋友说一说，今天是星期四，晚上回家该做什么准备呀？

生：要看看星期五要上什么课，就把什么书和练习本放在书包里。

师：是的，小朋友们同桌之间相互说一说。一位小朋友说现在是星期几晚上，另一位说要准备星期几的功课，要准备哪些东西放进小书包。

（学生交流。）

3. 成为准备达人

师：准备很重要，让我们努力做一个合格的准备者。翻开《我好棒！YOYO 入学践行册》第 20 页——"整理达人"评价表页面。请结合下表，通过训练，成为一个真正会准备的人。

"整理达人"评价表		
内　　容	今天，我做到了！	说　　明
睡前，看课表整理明天的课本与学具		做得到请打"√"。做不到请说明理由，记得以后要坚持哦！
下课铃响，先做课前准备再出教室		
到教室先将课本、学具放入抽屉		

4. 构建家校网络

结合班级家长群，鼓励在家长的帮助下拍摄孩子整理书包的视频、图片进行展示。家校共同努力，督促孩子养成良好的整理习惯，时限设置为四周（一个月）。

师：让我们行动起来！让爸爸妈妈们也看看，我们有一个整理好习惯。

【设计意图】做好课前准备这一习惯的培养是一个长期的过程，需要包含在日常学习的整个过程中，没有一劳永逸的方法，必须时时抓。通过过程性评价、家长打卡督促等有计划的训练、有效的监督，让学生一步步养成这个好习惯。

效果观察

没有想到不会看课表、不提前做好课前准备会带来那么多的麻烦。通过本节课的学习，同学们都体会到了如果没有做好准备，不仅对自己上课造成麻烦，还特别影响其他小朋友的上课效率。所以小朋友们都特别赞同要做好课前准备，也会很主动地去实践，班上好几个总是丢三落四的同学有了很明显的进步。小学的课程有很多，利用好课间的十分钟，准备下节课的学习用品。睡前看好课表准备好第二天的课程用书、用具，请爸爸妈妈一起督促，好好坚持，养成好习惯，成为一个会上课，更会准备的人。

活动建议

做好课前准备这样的习惯教育课，要更加注重"知行合一"，活动上需注重趣味，让孩子饶有兴趣地参与，发现整理的重要性，学会如何整理，懂得正确整理，在课堂上让每个孩子真正有所得、能改变。那么如何引导呢？能通过一节课达到应有的效果吗？建议如下：

（1）第一板块，感知准备的意义。上课时老师要扫视全班的桌面，寻找到大多数学生没有准备的课本（或绘本），模拟课堂，让孩子去体验没有准备的尴尬。这里没有视频、图片等素材介入，需要老师去营造氛围，老师要情感饱满，富有感染力，以便带动学生积极参与。

（2）第二板块是一个互动环节，是一个师生对话及生生之间模拟练习的过程，生活气息比较浓，对话的机会比较多。为了烘托启发，在学生同桌互动的时候，可以介入一些音乐，激发学生对话的愿望。

（3）第三板块是这节课的重点部分，目的是让学生学会正确整理、及时整理。活动的环节多，场面也许难以控制，需要上课的老师及早把控时间，调节学生的情绪，以免过于热闹而导致场面失控。

（4）第四板块是这节课"行"的核心部分，可以说这节课就是为此服务的。因此，需要发动学生、家长行动起来，作为常规细致地落实，让这节课达到应有的效果。

本课设计参与者：贾媛嫔　余丹

第三节　班级的事，我能参与

活动背景

古人云：大事难事看担当，顺境逆境看襟怀。岗位担当，简而言之，就是立足岗位职责，做好分内应该做的事情，承担应当承担的责任，并在承担责任当中激发自己的全部能量。现代家庭已经不要求孩子过多去动手，从小得不到锻炼，造成了孩子动手能力相对较弱，岗位意识淡薄。因此，需要让孩子们在参与班级的各项事务中，学会承担，自觉完成班集体交给的各项任务，并在实践参与中，发挥自己的特长，努力为集体添光彩，树立起主人翁意识。在活动过程中，让学生相互帮助、团结协作、共同提高，学会维护集体的荣誉和利益，树立起正确的人生观。

活动目标

（1）让学生了解班级中一些岗位的重要性，知晓班级的服务岗是保证班集体正常运行的重要基石。

（2）通过有、无岗位的不同结果比对，知晓岗位的重要性，从而让学生懂得班级的事是大家的事，激起热情参与的愿望。

（3）让学生学会承担责任，明晰不同岗位工作的不同时间和方法技巧，能及时发现并解决问题，为班级服务，学做班级小主人。

班级岗位牌板贴，岗位工作安排表，写有"星期几，做什么任务"的45个小纸团，抹布、拖把等工具。

活动过程

第一板块：认识岗位，你我知晓

1.认识校园岗位

师：小朋友们，这节课，老师先带同学们认识几个校园中的岗位角色，小朋友们能不能认出他们？

（PPT 出示照片：校园保安、校园清洁、食堂员工。）

生：保安叔叔、清洁伯伯、食堂阿姨。

师：是呀，他们能为我们做什么呢？

生：保安叔叔保护小朋友们在校园的安全，护送我们进出校园；清洁伯伯让校园环境变得更干净了；食堂阿姨为我们烧可口的饭菜。

师：看来小朋友们观察得很仔细，在我们校园中，除了这些帮助我们的岗位之外，你们知道还有哪些岗位吗？小朋友们同桌互相讨论一下。

（学生讨论后反馈：老师、医生等。）

2.发现更多岗位

师：除了我们校园中的岗位，你们还在哪里发现哪些岗位？他们能为大家做什么？

生：在马路上可以看到交警叔叔，能让道路更通畅。

生：在医院里，可以看到很多医生叔叔和护士阿姨，能为病人看病。

生：公交车上有司机伯伯，送我们来学校。

……

师：小朋友们知道得可真多，社会上也有很多为大家服务的岗位。那如果没有这些人，可以吗？

生：当然不行呀！因为没有了这些岗位，我们生病了没人帮我们看病；路上堵车了，就没人来疏通了，我们都堵在路上了。

师：（引导小结）看来每一个岗位的人，都能为我们做服务，做出自己的贡献。校园里是这样，社会上也是这样，有了他们，我们的社会更和谐，我们在校园里可以更快乐地学习。

【设计意图】刚入小学的孩子通过自己的观察，知晓在校园中有很多岗位存在，通过看图引导理解不同岗位的作用。通过讨论，让学生从身边出发，贴近生活，思考在社会中自己看到的更多岗位，了解各种各样的服务岗位，能让大家的生活更便捷，社会更美好。

第二板块：班级岗位，你我搜索

1.班级岗位大猜想

师：小朋友们，岗位那么重要，那班级中需要设置一些小岗位吗？

生：（齐）当然需要。

师：那我们现在来感受对比一下，如果没有小岗位，我们的班级会变成什么样子？你们来猜一猜。

生：教室的地面肯定都是废纸，脏兮兮的。

生：老师上课没有办法在黑板上写字了，因为已经写满了，没人擦。

生：作业都要老师自己收，自己发，老师累坏了。

生：图书角的书一定乱糟糟的，没几天书就找不到了。

……

师：若像小朋友们回答的那样，班级这些岗位都不在，想象一下班级会变成怎样呢？

生：乱糟糟的。

师：是呀！老师都不敢想象，真想逃离这样的环境啊！

【设计意图】从校园延伸到班级，懂得一个学校、一个班级要建设好，需要大家的付出。通过猜一猜的方式，想象一下如果没有岗位设置，大家都自己顾自己，没有人去做班级的事，班级会变成什么样。让学生自己猜，每个人从不同方面猜出最坏的结果，从而突出岗位的重要性。

2. 班级岗位大作用

师：对比一下，你喜欢哪一张图片呢？

（出示对比照片：干净和肮脏的地面；小朋友整齐和乱糟糟的队伍；整齐和凌乱的图书角；端正坐姿的早读和东倒西歪坐姿的早读；摆放整齐和凌乱的作业本。学生分别发表自己的想法。）

师：怎么会出现那么乱的情况呢？小朋友们知道是为什么吗？

生：肯定是没有人去管理。

师：（引导小结）说明班级里的小小岗位，能发挥大大的作用。

【设计意图】通过图片对比的方式，让孩子们有更直观的视觉对比，同时也是对上一环节的猜想的一个验证。通过观察对比，使孩子们心中萌发岗位重要的意识，也树立关心班集体事务的主人翁意识。

3. 班级岗位大搜索

师：你们觉得在班级中需要哪些岗位呢？

（学生回答。老师选取有用的岗位信息进行板书。）

师：让我们来听一听《教室的自述》吧！

播放音频：小朋友！大家好，我是教室，能给大家一个宽敞明亮、窗明几净的学习环境。每天伴着叮铃铃的清脆铃声，我开始了一天的工作。告诉你哦，我自己没办法动手，需要大家来帮忙。早上，小朋友晨读很整齐。小朋友做完了作业，需要小组长收上来给老师批改哦！做眼操的时候，需要很安静、很认真。吃饭啦，小朋友排队可整齐啦，还有小朋友帮忙打饭哦。教室外有一些小植物，需要晒太阳、浇水。柜子上的书架需要小朋友经常整理，要不然会乱哦！放学啦，还要有小朋友得多留一会儿，摆放桌椅、整理抽屉、打扫地面、倒垃圾、擦黑板、关灯。一天结束了！我很开心！

师：听了这个故事，你来说一说，我们的班级需要哪些岗位呢？请小朋友们在这一堆字卡中找出来，贴在黑板上。

（出示字卡：领读员、警察、组长、植物管理员、午餐监督员、医生、值日生、图书管理员、班长、学习委员、纪律委员……学生尝试：晨读——

领读员、作业本——组长、眼操——纪律委员、午餐——午餐监督员、小植物晒太阳——植物管理员、书架——图书管理员、扫地等——值日生。）

师：小朋友们真不错，能够从故事中搜集信息，找到相应的小岗位。那么，请你们再观察一下我们的教室，还有其他岗位需要补充吗？

（四人小组讨论。）

师：哪几个小组派代表来说一说？

小组代表：我们小组发现旁边的柜子需要擦柜员。

小组代表：我们小组认为需要管理电脑的小朋友负责开电脑、关电脑。

……

【设计意图】利用《教室的自述》把教室拟人化，以儿童化语言吸引他们静下来聆听，增进孩子们对一些岗位的认识，让小朋友们懂得班级的事需要大家齐心协力才能做得更好。通过搜寻教室还需要哪些岗位，增进孩子们发现和观察的能力。

第三板块：班级岗位，你我共筑

1. 班级岗位我认领

师：班级岗位那么重要，有小朋友想参与吗？

生：想。

（出示岗位表。）

小岗位	数量	我认领	小岗位	数量	我认领	小岗位	数量	我认领
电脑管理	1		桌椅摆放	2		晨读管理	2	
讲台管理	1		图书管理	2		午餐管理	2	
开关管理	1		垃圾分类	2		排队管理	2	
门窗管理	1		值日管理	2		眼操管理	2	
植物管理	1		形象管理	2		作业管理	6	

师：小朋友们，你们愿意认领哪个小岗位呢？

（学生认领对应岗位。）

2. 值日工作我参与

师：小朋友们，这么多岗位中，有一种岗位需要轮流完成，你们一定会参加，是什么岗位呢？

生：值日生。

师：嗯！值日是每一个同学每周都需要完成的一项工作。请你们说说，值日生需要完成哪些岗位任务？

生：摆放桌椅、整理抽屉、打扫地面、倒垃圾、擦黑板、关灯、锁门。

师：是呀，需要完成的项目很多哦！怎么样能更快速地完成呢？

生：多加几个小朋友。

师：是呀，而且要有分工，你扫地、我拖地，你摆桌子、我擦黑板。大家分工明确，肯定可以让工作很快地完成！

师：一周有五天，我们分工一下哦！（出示班级值日安排表）

值日项目	星期一	星期二	星期三	星期四	星期五
扫　地（3人）					
拖　地（3人）					
摆、擦桌子（2人）					
擦黑板、倒垃圾、关门窗等（1人）					

师：班级一共 45 位小朋友，在值日中，我们人人能参与，人人有岗位。那么这些岗位如何进行分配呢？

生：认领。

师：哈哈！小朋友们，这个就不认领了，我们来一个好玩的分配法。喜欢摸奖吗？今天的岗位我们采用摸奖的形式。（学生期待）老师的这个盒子里有 45 个小纸团，每个小纸团上有一些字。（PPT 出示：星期一，扫地；星期二，拖地；星期三，摆、擦桌子……）每个小朋友来抓一个小纸团，看看你抓到的是什么。

（学生抓纸团。）

师：请打开纸团后，在上面写上自己的名字，然后再放回盒子。

（学生完成。）

【设计意图】这个板块是任务分配，分两个环节。第一环节是班级岗位初步形成，但是还缺少最重要的岗位负责人，班级的岗位应该人人参与，每个岗位的工作不同，任务的多少也不一样，需要自愿认领，以孩子自己的意愿来参与。第二环节是值日，轮流式，无需认领，于是增加了趣味性的抓纸团环节，避免孩子因为在选择岗位时出现重叠或者空缺。孩子们摸到相应的纸团写上名字，一一对应相应工作，有效而愉快地接受了任务。

第四板块：服务班级，你我能行

师：我们的小岗位都有相应的管理员了，现在你们就应该时刻记住自己的任务。每一项任务要完成得好可不是一件简单的事情呢！我们来看看"生活小博士"是如何教我们的。

1. 学习如何值日

播放小视频：小朋友，值日学起来。值日时，擦黑板、摆凳子，再扫地，扫地要按从前到后一组一组的顺序来扫；扫地之后再拖地，先洗干净拖把，再拧干，可以横竖拖或前后拖，也是一组一组从前往后用力拖；拖完地摆好桌子、凳子，再擦一遍。垃圾分类，倒干净，锁上门窗，完成啦！

师：看到是怎么摆凳子、扫地和拖地了吗？我来请几位小朋友演示一遍哦！

（几位小朋友上台演示，其他小朋友点评。）

2. 小岗位我能行

师：其他小岗位，应该怎么做呢？

（同桌交流，学生代表发言。）

师：每个小朋友都有自己的岗位，给大家一个小小的任务，你们回家跟爸爸妈妈交流交流，自己的小岗位该怎样工作，明天来告诉老师或者告诉你的同桌。

师：现在我们班级中有很多小岗位，每一天每一个岗位都要按时上岗。当班级的事情和个人的事情冲突时该怎么办呢？当小岗位的同学生病没有来时又该怎么办呢？（引导小结）

班级的事情先做，个人的事情后做；同学缺席岗位不空缺，同组成员及时顶岗；我是班级小主人，班级的事儿我能行。

师：请小朋友们翻开《我好棒！YOYO入学践行册》第21页——"班级值日安排表"粘贴页。我们自己可以设计一张安排表粘贴在这儿哦！

【设计意图】刚入学的孩子们很少有岗位经验，毕竟小学岗位与幼儿园的不同，步入小学后很多班级的事情需要孩子们自己去承担，暂时不会做的，需要学着做。因此，这个板块主要是把任务抛下去，让孩子们在岗位中学、在做中学，通过视频学习、个别示范，让孩子初步感知。

效果观察

班级的事是全班小朋友的事，岗位上做好一天的工作不难，难的是每天要认真坚持做好自己的工作。养成良好的责任意识将有利于今后工作中的岗位担当。这一节课的学习内容比较丰富，采取不同的组织形式，符合低段年龄的特点，从儿童视角出发，让课堂变成生动有趣。最有效的是第三板块，通过岗位认领及值日分配，具体落实，责任到人，为今后的班级工作做了安排。第四环节中，渗透了工作的小窍门、工作的方法，并且延伸到了课后的练习。学生们觉得一整节课在有效地讨论，有效地思考，制作了有效的表格，完成了实际的任务，活动目标基本达成。

活动建议

"我是班级的小主人"，在这节课中不单单是一句"口号"，在整节课中渗透着主人翁意识教育。通过本节课的学习，孩子们知道了倒一次垃圾、擦一次黑板都是一个岗位中不可缺失的工作。从图片的对比中，他们懂得了班级的事不仅仅是岗位上这些同学的事，只有每一位小朋友做好自己的事情，养成良好的生活、学习习惯，班集体才会变得更好。

（1）第一板块以校园岗位为切入口，教师以 PPT 导入，引出校园有许多岗位，并引导学生思考说一说有哪些岗位。这一板块基本在一问一答中进行，需要老师的语言感染力，增强趣味性。

（2）第二板块"班级岗位，你我搜索"，通过对比图片的方式让学生自己去感受，建议用图是自己教室的图片，让学生感受确实是身边的事情，班级中存在的事情，才会有积极性去解决。

（3）第三板块是细化的过程，岗位设置好了，落实到人，人员的安排是本环节要解决的问题。采用了摸奖的形式，孩子们非常喜欢，但是存在着是否擅长这个工作的问题，值得我们再去思考和践行。

（4）第四板块精化技能，在课堂中针对"拖地"详细地讲解了具体方法。还有很多岗位需要教师具体指导，在本节课中无法完成，只能延伸到课后逐步落实，也可家校配合，教师和家长一起参与指导。

本课设计参与者：吴晓瑜

第四节　描绘校园，记忆美好

活动背景

几天的小学生活，孩子们已经接触了一些新老师和新同学，认识了校园里很多不同的场所，参与了很多活动。在和这些人与事物的交集中，小朋友们的脑海中一定留下了印象深刻的场景或人物，也许是某个老师一次笑容可掬的表扬，也许是与某个新同学一次友好快乐的相处，也许是校园里某个漂亮或好玩的场所，也许是一项有趣或紧张的活动……对孩子们来说，这些既新鲜有趣，又陌生，他们会用自己的眼睛去观察，用心去体会。他们有自己的感受，但是不一定能很好地进行表述，所以需要用一种特殊的载体让孩子们把这些印记表达出来。因此，通过一节特别的活动课，引导孩子们去回忆脑海中的场景，运用画笔描绘出来，再用简单的语言描述进行分享，这既是一场美好喜悦的体验，又是一次提升能力的绝佳机会。

活动目标

（1）让学生认识到学校中的人、活动、事物和场所是学习生活的一部分，能记住一些美好的人和事。

（2）经历回忆、表达、描绘、再表达的过程，让孩子们逐步获得安全感，了解到无论是记住人、物，或是事，都是进步。在描绘的过程中增进师生之情、同伴之情及对校园的喜爱之情。

（3）在活动过程中，培养孩子们忆、画以及分享交流的能力，能通过回忆描绘印象深刻的人物、活动或场景。

活动准备

提前布置并统计学生记忆最美好的事、人和活动，准备好绘画工具，收集任课老师的照片、校园环境的照片、前三天的活动视频等影像资料。

活动过程

第一板块：呈现场景绘画，寻找美好回忆

1.现数据，说回忆

师：小朋友们，上学这么多天了，开心吗？

生：开心！

师：哪件事情，让你们觉得最开心呀？

（学生回答。）

师：昨天呀，老师统计了这几天在学校里令你们最喜欢的人和事。

喜欢的内容	老　师	同　学	景　物	活　动
数　量	19	7	8	11

师：发现了什么？

（学生交流。）

2.现场景，谈特征

师：是呀！你们一定认识了好多老师，你对哪位老师印象最深？

（学生回答，教师引导学生分析印象最深刻的原因，并描述这位老师的特征，如外貌特征、性格特征、任课内容等。）

师：（呈现任课老师简笔画）大家猜猜看这位同学画的是哪位老师？

（学生回答。）

师：（呈现小朋友的简笔画）这几个是小朋友，能认出他们是谁吗？

（学生回答。）

师：没错，三天的时间让我对同学们也印象深刻。×××的大眼睛炯炯有神，×××的齐刘海显得特别可爱，×××总是主动地帮助老师和同学，所以他的手总是热情地伸开。小朋友们最喜欢的新同学有什么特征呢？

（学生回答。）

师：（呈现校园景物简笔画）这是哪里呢？你们喜欢这儿吗？为什么喜欢呢？

（学生回答。）

师：（呈现活动场景简笔画）来说说看，这么多活动，你们最喜欢哪个活动？为什么呢？我发现大家都很想说，那就先跟你们的同桌轮流说一说这个活动在哪里进行，这些地方叫什么名称吧！

（学生交流。）

【设计意图】通过回忆和老师、同学的相处，让学生产生融入集体的感受，能初步学会观察人物的外貌特征和区别；通过校园景观及活动场景简笔画的呈现，引导学生观察、说特征，提高学生的表达能力，为后面的描绘和交流活动做准备。

第二板块：描述美好回忆，确定描绘对象

师：这些图片中，有我们的老师、同学，还有学校的景观和活动场景，让你感到最最开心的是什么呢？

◇老师——她做了什么，或说了什么让你感到最开心呢？（外貌、穿着、神态、动作、小故事）

◇同学——跟他在一起干什么，你觉得是最开心的呢？

◇景观——校园的哪个地方最有意思，让你留下了深刻的印象？

◇活动——有什么好玩的、好学的让你这么开心呢？

师：老师觉得最开心的是和小朋友们一起上课的时候，我特别想把这个场景画下来！

（教师示范，一边绘画一边讲解构图、主体，教授基本绘画技能。要求主体人物至少和手掌一样大，再简单描绘背景。）

播放微课《上课的老师》：老师上课的时候，眼睛会笑成月亮的样子，红红的嘴唇，洁白的牙齿，弯弯的嘴角向上翘，长长的黑头发飘起来，大大的大拇指翘起来，那是在夸我学得真棒呢！手可能指着黑板，在教大家新知识……画完主体人物之后添加上背景。上课的时候有哪些背景？黑板、投影、讲台……

师：看到同学们都已经蠢蠢欲动了，我想请还没有讲过的小朋友说一说，你想如何用画笔表现最让你开心的场景？

（学生分享。）

师：听了大家的想法，老师都想给大家竖起大拇指了，你们的想法太棒了！那现在就开始吧！

（出示作业要求：假如你有自己喜爱的回忆，就画你心中的画面。）

师：假如你感到自己心里的想法画不出来，那就学着老师刚才的画法试一试吧。

【设计意图】选择自己最喜欢的场景，观察老师示范的过程，初步了解构图、主体人物、背景等专业名词的含义，掌握绘画的基本要求和技能，能运用画笔表达自己快乐的情绪。通过老师的现场示范，学生更直观地观察到作画过程，感受美术的魅力。

第三板块：描绘美好记忆，表达喜悦心情

（学生绘画，老师巡视，及时帮助无从下笔的学生，或者及时展示值得分享的画稿。画完的小朋友按照不同区域上墙展示，如以老师为描绘对象的贴在一起，以校园场景为描绘对象的贴在一起。贴完回座位后做一做小老师帮助周围需要帮助的同学。大多数同学画完上墙后，先请同桌之间轻声介绍自己的画作，说说画里的故事；再由同学推荐，请作者向全班同学介绍自己的画。）

生：我画的是第一天来到学校，妈妈牵着我的手走进学校的大门，我和妈妈都很高兴，所以脸上挂着大大的笑容。因为我很开心，所以我的手举得很高。来到校门口，我看到了大大的校门，有很多植物，还有其他小朋友和他们的爸爸妈妈一起来上学。

生：我画的是我和我的同桌在一起吃饭，我们有自己的餐盘，今天中午吃鸡腿和青菜，我的同桌很开心，用手抓着鸡腿，我在用勺子喝汤。

......

师：今天这节课我们分享了三天来印象最深刻的事，每位同学都尝试着用画笔表达了对校园的喜爱。每位同学的作品都将被展示在展板上。大家瞧，这里的作品画的都是老师和同学，下课后你们可以上来认一认作品画的都是谁。这块展板上的作品画的是三天来我们一起经历的各种丰富的活动。最后这块展板中的作品画的是校园场景。正是因为每一位同学的作品放在一起，才构成了我们美丽的校园（手指展板大标题"我们的校园"），就像每一位小朋友在一起，才是完整的大家庭一样！

【设计意图】绘画，是表达内心的一种方式。对于孩子来说，绘画更是一种自由的表达方式。但孩子的绘画技能还不成熟，难以表达清楚内心的想法，这时通常需要口头描述的补充，来完善心中的想法。因此，课堂上多次安排学生口头表达，就是为了遵循孩子的年龄特点。同时，通过训练，培养孩子分享喜悦、主动交际的能力。作品展示分成三个板块，按照不同内容进行布置，帮助学生进一步认识了解校园中的人、事、场景。三个板块组成"我们的校园"，让学生体会到参与感和归属感，感受每一个学生个体在学校大家庭中的重要性。

第四板块：分享生活美好，分享快乐心情

师：除了刚才几位小朋友的分享之外，每个小朋友都认真完成了自己的绘画，这幅画可以带回去，你们打算跟谁一起分享呢？

生：跟爷爷奶奶一起分享。

生：说给爸爸妈妈听。

生：......

师：你们准备怎么分享呢？

（学生分享，老师指导。）

师：你们真棒！那么从今天起，希望大家能养成记录美好生活的好习惯！回家后和爸爸妈妈、爷爷奶奶、外公外婆说一说学校里发生的事情，也可以像今天这样画一画、写一写，把你们的记忆永远地保存下来！请小朋友们翻开《我好棒！YOYO 入学践行册》第 22 页——"我的美丽校园"粘贴页，我们自己画的"美丽校园"要粘贴在这儿哦！今天的课就上到这里，下课！

【设计意图】让孩子们养成记录生活的好习惯，通过画一画、写一写、说一说等方式，培养孩子们绘画、叙事、交流的能力。记录生活还能让孩子们习惯于发现生活中的小美好，成为一个积极向上、热爱生活的人，成为一个懂得分享的人，也让家里的长辈能分享孩子们上学的快乐。

效果观察

课堂上，看图表达这部分，孩子们心情比较激动，充满了喜悦之情，课堂气氛活跃。但可选择的描绘对象比较多，回忆后表达在画纸上时会觉得模糊，孩子们难以下手。教师规定主体人物的大小和背景的适当搭配，降低了作画难度，让不同能力的孩子都能动手，作品展现了孩子们天真稚嫩的内心世界。

孩子们在分享过程中，有一些语无伦次的现象，想到哪儿说到哪儿。针对这一现象，教师要重视引导学生的表达思路，使学生正确、流畅地进行表达。

活动建议

这堂课的主题是"描绘校园，记忆美好"，虽然上手描绘的时长占课时的一半，但重点并不在于描绘得多到位，而在于记忆美好。"描绘"不仅指手上的功夫，也可以是口头的。需要注意以下方面：

（1）提前布置作画内容：记忆学校中印象最深的活动、老师、同学、场所、场景，描绘美好校园。设计建议："描绘校园"内容不宜太多太杂，需要学生抓住学校中印象最深的一个场景进行描绘，人、物、景、事都可以，每人画自己喜欢的，然后同学之间分享自己的作品，最后组成一幅"我们的校园"。因此，这节课需要上课老师提前布置，让孩子们有事先的构思和准备。

（2）用一天的时间作画。孩子刚上小学，观察还不够细致，绘画技能还不成熟，特别是画人（老师或同学），要画出其外表的造型特点，难度是非常大的，更不用说画出其神情的韵味。因此重点在于引导孩子细致观察，增加画面的丰富性，而非造型能力的培养。可以安排长时间的作画，不仅限于这一节课，可以利用中午的时间，甚至一天的时间来完成。

（3）重在分享绘画的内容。第四板块重点在于如何进行介绍，鉴于新生的绘画技能不够成熟，削弱绘画技能的指导，增加口头描绘的训练机会。建议老师提前了解孩子们记忆最美好的片段进行勾画展示，让孩子们去模仿描绘。大部分新生的创作水平还是不足的，所以重点放在说上，放在展示上，放在回家跟父母介绍上。通过跟同桌分享交流，跟老师交流，跟全班同学分享，回家跟父母分享，来训练新生的口头表达能力、交际能力、分享意识等综合素养。

本课设计参与者：黄天雨

第五节　YOYO 奖励，我有收获

活动背景

每一个学校在引领学生素养发展方面，都有自己校本特色的育人措施和评价体系。我校通过"以评促育"的方式引导学生"德、智、体、美、劳"综合发展。在新生入学后的第一周，有必要对学生进行学校综合评价的介绍，引领学生在今后的学习和生活中，结合评价去努力。在新生入学的第四天，开展以"奖励与收获"为主题的活动，结合"五优评价——品行YOYO、好学 YOYO、健康 YOYO、艺术 YOYO、劳动 YOYO"对学生前四天衔接课程的学习做一下反思评估和阶段性小结，目的是引导学生更好地学习。这也是一年级新生入学后的第一次阶段性成果展示。结合一年级的年龄特点，通过闯关游戏的任务驱动，让学生在游戏体验的过程中，锻炼整理书包、爱护书本等自理能力，初步了解学校"五优评价"的内容，在获得奖励的同时体验到评价的乐趣，激励学生乐于践行、遵循规则意识。

活动目标

（1）结合学校的"五优评价"，让学生初步了解自己在入学前四天对课程的掌握情况，熟悉"五优评价"的内容和体系。

（2）以"YOYO 奖励"为载体，激励学生热情参与的情感，让学生明确"五优评价"的内容，激发学生努力的热情。

（3）让学生能在日常的学习和生活中践行"五优评价"，争做"品行

YOYO、好学 YOYO、健康 YOYO、艺术 YOYO 及劳动 YOYO"。

活动准备

教师准备：准备 5 个活动体验室（室内要有绘本、任务卡、视频等）；招募 3～5 位家长志愿者，协助组织，拍摄活动照片、视频等；准备"五优"的贴纸，以及足够点数的 YO 币。

学生准备：每 4 个学生为一组，提前协同完成所有活动体验。

活动过程

第一板块：回顾分享，发现收获

1. 课堂谈话，回顾习得

师：入学四天了，小朋友们已经学会了很多新的本领，对吧？

生：对。

师：哪位小朋友能来说说你都学会了哪些新本领？

（学生纷纷表示：会排队、会敬礼、会吃饭、会借书、会上厕所、会整理、会控制音量等。）

师：真棒，短短几天就学会了这么多新本领，真替你们高兴！

2. 视频展播，引入课题

师：那现在就让我们一起来回顾一下大家在这几天的精彩表现吧！小眼睛看大屏幕，看看自己都学到了什么。（视频涉及学生入学以来自我整理、自觉排队、安静看书、向老师礼貌敬礼等内容。）

师：好了，视频看完了。小朋友们，你们是不是发现从背着书包走进校门的第一天到今天，我们每个小朋友的表现都很棒，每一天都取得了很大的进步呀？（学生谈感受）

师：（引导小结）我有收获。（板书课题）

【设计意图】通过师生对话、观看视频，让学生回顾几天来入学课程的学习内容，从认知上帮学生回顾已学的内容，从情感上激起学生对小学生活的热爱，为后期总结收获做铺垫，同时培养学生对自我成长评价的能力，获得满满的成就感、喜悦感。

第二板块：引入"五优"，明确目标

1. 介绍"五优"，了解"五优"

师：亲爱的小朋友们，还记得我们学校的吉祥物吗？叫什么名字呀？

学生：叫 YOYO。

（PPT 出示吉祥物 YOYO 卡通形象。）

师：是的。知道吗，YOYO 为了鼓励大家在今后的学习和生活中能全面发展，为大家准备了五个方面的奖励哦！想不想了解一下呢？

生：想。

（PPT 出示品行 YOYO、好学 YOYO、健康 YOYO、艺术 YOYO、劳动 YOYO 卡通形象。）

师：大家可要记清楚啊！今后我们要争当 YOYO 哦！我们一起来喊喊他们的名字吧！

（学生喊名字。）

师：作为我们附小的每一位学生，都是以品行 YOYO、好学 YOYO、健康 YOYO、艺术 YOYO、劳动 YOYO 为目标来要求自己，我们要做"五优"好学生。

2. 明确规则，争做 YOYO

师：（出示 YOYO 贴纸）看到这些 YOYO 贴纸了吗？等会儿我们就要来玩一个闯关游戏。每通过一关，就能获得一枚 YOYO 贴纸，五关全部通过，获得五枚 YOYO 贴纸的小朋友就能兑换 1 点 YO 币。当你积攒了足够的 YO 币，就可以去我们的 YOYO 商店兑换自己喜欢的奖品了。你们有没有信心呀？

生：（跃跃欲试，齐声喊）有！

师：太棒了，大家信心十足！相信你们一定很期待今天的闯关游戏。但是在游戏开始之前，老师还有几点注意事项要提醒小朋友们！（PPT 出示）

第一，在每项游戏前要听清讲解，要遵守游戏规则；第二，闯关时，没有轮到的小朋友要遵守纪律，安静排队等待，不能插队；第三，每完成一个任务之后要到另一个任务点闯关的时候，千万不能奔跑，要靠右走，注意安全，最多1级音量。

温馨提示：请同学们拿到任务卡之后写上班级姓名，在游戏过程中一定要保管好自己的任务卡，不要丢失。

【设计意图】结合"五优评价"，帮助孩子们明确评价的内容及目的，通过活动的方式让孩子们及早了解 YOYO，明白 YOYO 评价蕴含在日常的生活和学习过程中。让孩子们在活动前明确规则，以免出现不必要的混乱场面。

第三板块：游戏体验，"五优"闯关

1. 健康 YOYO——手指游戏玩一玩

（1）活动热身：手指操。

（播放手指操视频，用手指头表示数字。）

师：小朋友们，伸出你们的手指，让我们跟大屏幕一起做手指操。

（学生跟着视频做动作，一次 4～5 组同时进行。）

（2）分组完成游戏任务。

师：接下来我们要来闯关了，看看你们是不是能顺利过关。四人一小组，请一位同学报数字，其余的同学比画手指，然后调换角色，继续进行，四个人都轮换过了，游戏结束，闯关成功。

（3）YOYO 奖励优胜者。

师：经常运动身体棒棒！恭喜你们小组顺利过关，每人获得一枚健康 YOYO 贴纸。

（每小组由一名家长志愿者组织活动，观察记录，做出评价，奖励完成的学生一枚健康 YOYO 贴纸。）

2. 品行 YOYO——整理书包我能行

师：这一关是要考考小朋友们会不会整理书包，相信你们在前几天的学习中一定都学会了吧！准备好了吗？

生：我们准备好了。

（PPT 出示要求：①先倒空自己的书包；②书本文具先分类；③零散的物品可以装袋子；④按照大小先后顺序整理；⑤整理时间三分钟。每一轮次安排 2～3 组小朋友同时进入场地，每组学生根据要求把物品按照顺序放进书包，老师或家长志愿者在旁边观察评价，对能力特别弱的小组进行适当的指导与帮助。）

师：恭喜你们完成了任务，顺利过关，获得一枚品行 YOYO 贴纸。

3. 好学 YOYO——我和书本交朋友

师：小朋友们，经过这几天的学习，你们和书本交上朋友了吗？如果想去图书角借阅图书，你们知道该怎么做吗？下面就来考考你们。

（学生模拟"排队借书安静阅读、按规定还书"，时间五分钟。老师现场协助小朋友完成任务，观察小朋友是否遵守借阅规则。）

师：恭喜你们已经学会了如何正确地借阅图书，顺利过关。奖励完成任务的小朋友一枚学习 YOYO 贴纸。

4. 艺术 YOYO——多才多艺我来秀

师：小朋友们，老师发现你们都是多才多艺的，会好多好多的本领！这一关，就大胆地展现自己的才艺吧！表演可以是唱歌、跳舞、朗诵，内容自己决定，现在请每位小朋友先自己准备两分钟。

［准备完毕后，请学生在指定位置开始表演。如果遇到胆小不敢表演的，多给予鼓励。也可以三人一组进行集体表演。老师评价表演活动（只要小朋友可以大胆表演，即可过关），对完成任务的小朋友奖励一枚艺术 YOYO 贴纸。］

5. 劳动 YOYO——我为课桌洗个"脸"

师：同学们，班级是属于我们每个小朋友的大家庭，课桌是我们学习的好伙伴。今天，我们要用手中的抹布来给课桌洗洗"脸"，让它变得更干净。下面请同学们拿出准备好的小抹布，排好队，有序地走到洗手台处，轻轻地把抹布用水打湿、绞干，然后回到座位上，用抹布把课桌擦干净。

（老师明确要求后，可以以小组为单位，有序排队去打湿抹布。把课桌擦干净，即闯关成功，对完成任务的小朋友奖励劳动 YOYO 贴纸一张。）

【设计意图】学校五个 YOYO 的评价，关注儿童能力素养形成的五个维度，让孩子心中明确作为小学生的规则与目标。特别是行为养成，需要用行动去习得本领。本环节的闯关活动，尽可能设计实践、操作的内容，让学生用实际行动去演练考查的内容，做中学，玩中练，潜移默化养成良好的习惯。

第四板块：YO 币兑换，体验成功

师：小朋友们，刚刚结束了闯关游戏，你们有什么收获和感想吗？跟大家分享一下吧！

生：我很喜欢手指操游戏，特别好玩，手指头也好像会跳舞一样。

生：为班级取了名字，我们感到很骄傲。

生：我懂得了借书还书，安静阅读，因为已经是小学生了，长大了。

师：大家说得可真好。恭喜我们全班同学都闯过了五关，现在请数一数你得到了多少张 YOYO 贴纸。然后把它们整齐地贴在《我好棒！ YOYO 入学践行册》第 23 页——"YOYO 奖励"页面。

（学生数贴纸、贴贴纸。）

师：下面就要给获得五枚贴纸的小朋友们兑换 YO 币了，在兑换之前老师还要问问你们，怎样从老师手里接过 YO 币才是一个懂礼貌的孩子呢？

生：要双手接。

生：还要说谢谢老师。

师：是啊，像他们说的那样做才是一个有礼貌的好孩子。你们记住了吗？会做了吗？

生：会做。

师：请获 5 枚 YOYO 贴纸的小朋友拿着《我好棒！ YOYO 入学践行册》上来兑换。（逐个兑换 YO 币，关注学生是否按照刚才指导的说和做）

师：拿到了 YO 币，你高兴吗？一定要好好保管，等数量足够了，就可以去兑换你喜欢的奖品了。

【设计意图】通过互相交流，分享收获感受，让孩子们回顾游戏过程，体验成功的喜悦，感受到小学生活的开始是美好的。郑重地贴纸、兑换更是增加了整个活动的仪式感，贯穿礼仪教育，培养孩子良好的待人接物的习惯。兑换后的 YO 币需要学生自行保管，也是对学生自理能力的锻炼。

效果观察

四天的入学课程即将进入尾声，通过"YOYO奖励，我有收获"这一入学课程的学习，初步了解了学校"五优评价"的内容和方式，以小组合作闯关的形式，检验了自己的所学所得，发现了自己的成长，也看到了自己的不足之处。在收获YO币的同时，学生会更加清楚地意识到自己已经是一名小学生了，自己将在学校学习生活，要学习更多的知识和本领，努力成为"五优"学生，并将这种信念贯穿到后续学习生活的点点滴滴中。

活动建议

这一节课的设计，有丰富的材料与活动，为了把"五优"的概念深化、实践落实，在活动中可以注意以下几个方面：

（1）第一、二板块，采用了对话、看视频等方法，为的是激发学生参与闯关的热情与积极性，老师一定要精心地准备好前面几天学习生活的回顾视频，让学生有充分的参与感。

（2）第三个板块是分组活动，老师分组要合理，每个小组都要注意男女的搭配、能力强弱的搭配，注意保持良好的生生互动。在场景切换过程中，要注意讲清位置，注意行进的安全。由于牵涉人员多，需要学校层面组织，可以组织高年级的学生来协助，也可以组织有兴趣的家长自愿参与。

（3）第四板块是在孩子体验之后完成的，为了让YO币在孩子心中留下深刻的印象，教师一定要强化仪式感，有意识地强调接过YO币时的行动、语言，让整个YO币的颁发过程严肃庄重，让这些YO币成为孩子珍藏的有重要意义的宝贝。

本课设计参与者：姜燕敏　许颖

第六节　动动小手，美丽教室

活动背景

教室，是孩子们生活的栖息场所，是知识能力的学习场所，是习惯的养成地，更是增加师生情感和融洽同学关系的情感培育场所。这么重要的场所，需要每一个同学的细心维护。而日常生活中，教室内物品被弄脏、被损坏的现象时有发生。因此，保洁卫生、爱惜物品，使孩子们树立责任意识，养成爱惜各种物品的良好习惯显得尤为重要。新生刚刚入学，可以引导孩子们从爱惜和维护自己身边经常使用的公共物品开始，比如教室里自己使用的桌椅、放物品的柜子、放书的书架等，培养新生的积极情感，树立积极动手、参与爱护和美化教室的意识，培养孩子们的责任感，增强孩子们的小主人翁意识。

活动目标

（1）培养学生的参与意识，养成爱劳动、爱惜物品的良好习惯，培养积极参与及做事细致的意识。

（2）树立学生的责任意识，增进我是校园小主人的情感。

（3）让学生学会参与班级中力所能及的事，如整理自己的桌子，捡起一张纸片，扶起一个倾倒的画架等。

活动准备

情景剧，小品，视频，课件。

活动过程

第一板块：创设情境，了解物品的重要性

1. 导入情境

师：今天老师要带小朋友去一个教室看看！

（出示一张教室照片——椅子和桌子东倒西歪地躺在地上，各种教室用具乱摆放。）

师：看到这幅图你有什么感受吗？

生：这里的桌子、椅子好乱啊，东西都乱放的。

师：呀！教室里发生了什么？怎么办呢？

生：椅子东倒西歪的，我们帮着扶起来。

生：书架上书本乱糟糟的，我们帮着整理好。

（这时出现一声哭声。）

师：咦？谁在哭呀（小椅子）它为什么哭呢？（装作侧耳倾听状）

情境角色扮演《桌椅书架的对话》：

齐：我们是教室里的小桌子、小椅子和小书架。

旁白：一天放学之后，他们仨说起了悄悄话。

小椅子：咱们的主人一点也不喜欢我，整天坐在我身上摇来晃去的，都快散架了，疼死我了，我的一条腿都断了，成了一个伤病员了。

小桌子：咱们的主人对我也是一样的，整天在我身上乱写乱画，还把粘贴纸随便粘在我身上，吃饭掉的饭粒也不打扫，我真不想在这个家里了。

小书架：原来我们的遭遇都差不多呀，小主人们看完了书，就在我身上乱丢、乱砸，甚至把书都涂上了脏脏的污渍，太让我伤心了！

旁白：他们仨说着说着都哭了起来。

2. 思考原因

师：桌子、椅子和书架为什么哭呀？

生：我们坐凳子的时候摇来晃去，把小椅子摇得都快散架了。

生：桌子上面都是我们乱写乱画的痕迹。

生：小朋友把纸、米粒弄在上面，脏兮兮的。

生：他们放书的时候，往书架上乱丢，书架可疼了。

师：是呀！你们说得真对。你们知道桌子、椅子和书架有什么用处吗？

生：我们可以在桌子上吃饭、写作业、搭积木等，可以在小凳子上坐着休息，可以把书放在书架上……

师：它们的用处可真大，为我们提供很多帮助。

【设计意图】通过故事情境拉近教室物品与孩子间的距离，激发学生的兴趣。通过观看视频、师生互动、生生交流让孩子了解到这些物品在我们学习和生活中的作用，用感同身受的方法让孩子意识到物品也有"生命力"，需要我们好好"照顾"它们，并为下面的环节做铺垫。

第二板块：走进生活，学会物品保洁

1. 生活广角，物品保洁我能行

师：那我们应该怎样对待它们呢？先来看一段视频！

播放小视频：大家都在搞卫生，可是有一位同学不愿擦拭课桌椅，他说："明天反正也是我坐，不用擦。"另一位同学赞同地点头。

师：他们对吗？为什么？

（学生自由讨论。）

师：那我们应该怎么做？

（学生纷纷表示，桌椅属于亲密物品，需要擦拭干净才舒服。）

师：正确。

视频继续：这时，小 A 走了过来，说："我们每天干干净净出门，需要刷牙、洗脸，每天都会脏的，需要天天洗，小桌子和小椅子也是一样的。像我们一样，干干净净才舒服，干干净净才有人喜欢呀！"两位同学羞愧地低下了头。

师：（引导小结）爱护物品，保持干净。

2. 正确保洁，擦洗物品我先行

（1）擦桌子视频。

师：你们会擦桌子吗？视频里的小朋友是怎么做的？

视频播放：出示脏乱的桌子。小朋友说："呀！这张桌子可真乱。我要怎么做呢？首先，整理桌子上的物品，让物品看起来井井有条。然后，端来一盆水，把抹布搓一搓、洗一洗，拧干，桌子上的物品就不会被弄湿。最后，我要开始擦桌子了。同学们认真观察，我先擦了桌子的哪个部分？是按什么顺序擦的？"

师：谁知道该怎样擦桌子？

（学生回答。）

视频继续：没错，我是按照擦桌面、抽屉四周、桌腿的顺序，从上面往下擦的。你答对了吗？当然，表面大小不同，擦的方法也应该不同。比如：桌子面大，抹布推开，手掌按在抹布上擦；面小的地方，用手指顶着抹布的一个角来擦。你学会了吗？

（2）尝试擦桌子。

师：请一位同学上来擦一擦，其他同学请仔细观察他，等下给他评一评。

师：他擦得好吗？好在哪里？

生：他是按照顺序擦桌子的。

生：毛巾拧得很干。

生：表面大小不同，他擦的方法也不同。

师：你们观察得真仔细！

（3）学会擦椅子。

师：擦椅子和擦桌子的方法是差不多的，你们会吗？

生：也可以按照椅面、椅脚的顺序，毛巾也要拧干。

师：真厉害！

师：一块抹布可以摊平擦，也可以用手指顶着擦，作用真不小，教室里还有哪些物品我们可以用抹布擦呢？

生：黑板、窗户、窗台……

师：如果你发现物品脏了，你会主动擦干净吗？

生：会。

【设计意图】借助视频让学生感知保持物品干净整洁的重要性。通过直观演示、学生示范、交流讨论教会孩子擦桌椅的技巧，以便在生活中更好地运用。同时举一反三，让学生知道抹布可以擦拭物体使教室和家里保持整洁。

第三板块：举一反三，争做校园主人

1. 抛砖引玉，问一问

师：除了桌椅，教室甚至校园里还有什么物品需要我们照顾？

生：地面脏了，要拖干净；书架的书歪了，要重新放正；水龙头要及时关闭；垃圾分类错了要提醒同学；卫生角乱糟糟要主动整理；等等。

2. 图片展示，想一想

图片1：奔奔座位底下有一张纸片。

图片2：爽爽抽屉乱糟糟的，各种物品杂乱堆放。

图片3：讲台上有一块被"忘记"的抹布。

图片4：放学后，同学们急着排队，桌椅都被书包撞得歪歪扭扭。

师：同学们，如果是你，你会怎么做呢？

生：我会把班级当作自己的家，桌子乱了及时对整齐并提醒同学。

生：我会擦亮眼睛，寻找地上的废纸，让地面干干净净。

生：我的抽屉很整洁，因为用了老师教的方法，大的在下，小的在上，书本靠左，工具靠右！

生：看到没有"归位"的物品，即使不是我的，我也要把它整理好放回原位。

3.同伴演示，学一学

师：说到不如做到，来看一下班长小可的一天吧。

播放小视频：

• 7点40分，班长小可来到教室，发现黑板没擦干净，于是她洗干净抹布，轻轻踩在凳子上，仔细地把黑板擦得一尘不染，还把踩过的凳子擦了擦。

• 第二节课下课后，同学们都在位子上吃点心，有"小马虎"把装面包的包装袋掉在了地上，小可看到后提醒了同学并弯腰捡起来，扔进了"其他垃圾桶"。她看到"其他垃圾桶"里有牛奶盒，洗干净后扔进"可回收垃圾桶"。

• 体育课上，同学们把外套脱在了操场上，乱糟糟的，小可和几名同学把衣服折好摆整齐。路上她顺便把歪掉的校园装饰扶正。

• 放学后，小可默默地把歪掉的凳子推进桌子底下，并把桌子沿线对齐。

师：你们看到了什么？

生：小可很细心，主动为班级服务。

生：小可勤劳能干，她用自己的小手为班级的干净整洁贡献了力量，我们要向她学习，做自己力所能及的事情。

4.做判断题，辨一辨

师：你们是班级的主人，老师要考考大家了。

判断题：

（1）书法课结束后，水槽周边都是墨水渍，水龙头在滴水，鹏鹏把水龙头关紧，心想墨水渍清洁阿姨会擦掉的，转身走了。

（2）信息栏的钉子松了，掉了几颗在地上，楚楚经过时把钉子插回原位。

（3）分饭菜的同学把口罩盒和手套盒随手放在了窗台上。

（4）操场的角落躺着几个足球，小豪看到后把足球送回体育器材室。

（5）叮叮看到有位阿姨把瓜子壳吐在马路上。她提醒了阿姨，并和她一起清理干净。

（学生小组讨论，教师引导。）

【设计意图】呈现班级的榜样——小可，在交流中鼓励孩子向她学习，并让每一个孩子学会并懂得如何参与班级和校园保洁，正确使用工具，及时关注班级用具是否整齐等。

第四板块：拓展活动，养成保洁习惯

1.动动手，做一做

师：今天我们学会了什么本领？

生：按照顺序擦桌子椅子；拧干毛巾，不弄湿桌上物品；表面大小不同，擦的方法不同；不乱刻乱画，轻拿轻放。

生：地上有垃圾主动捡，书架上的书倒了主动扶起来，墙或者黑板脏了要主动擦干净……做力所能及的事情，让教室和校园更整洁！

师：掌握得很棒！我们尝试一下，努力做一做，看你能拿到几颗星！

动动小手，美丽教室			
评比内容	自　评	同学评	总　评
保持桌椅干净整洁	☆	☆	☆
抽屉有序	☆	☆	☆
主动捡起纸屑	☆	☆	☆
愿意整理卫生角	☆	☆	☆
自觉整理图书角	☆	☆	☆
我还做到了：_____	☆	☆	☆
我得到了（　　）颗★			

规则：①五个项目，完成得相对好可得一颗★。最后一栏自己填写你美化教室或校园的行为，可以额外再得一颗★。②同一条评价，自评和同学评都有★，总评才能有★。

师：同学们拿到几颗星了呢？拿到五颗星及以上的同学请给自己一个大拇指，没拿到五颗星的同学也不要着急，多动手多练习会越做越好的！

师：人多力量大！爱班级，从你我做起！

2. 我行动，讲文明

师：让我们通过小手让家园越来越美丽！请翻开《我好棒！YOYO入学践行册》第24页。

"动动小手，美丽家园"爱干净小公民评比记录表							
第＿＿周　　班级＿＿＿＿＿　　姓名＿＿＿＿＿							
星　期	一	二	三	四	五	六	日
保持桌椅干净整洁							
抽屉整理得有序							
会主动整理班级柜子和讲台							
愿意整理班级卫生角							
自觉整理图书角							
在家主动整理房间							
能主动捡起地上的垃圾							
合　计							
注：若能做到请在相应的表格中打"√"。							

评价标准：①前面四项为校园必做栏，由该项管理员负责评价，做到打"√"；②后两栏，是家里与社会表现的附加栏，做到的由家长在相应栏里签名，并打"√"；③"必做栏"都完成，奖励"爱劳动小标兵"标识一枚，获四枚"爱劳动小标兵"标识将被评为"文明小公民"称号。

【设计意图】把学得的内容，联系学生的学习生活实际，落实到行动中，以理解和内化活动内容，同时培养他们热爱整洁的意识和自己的事情自己做的自我服务能力。在活动中最大限度挖掘学生的潜能，帮助学生适应社会生活。

效果观察

通过本次活动，孩子们知道桌椅脏了要擦干净，大部分同学掌握了擦桌椅技巧，还有的同学学会了表面大小不同，擦的方法也应该不同。每次大扫除，同学们都踊跃参与，老师能感受到学生劳动的快乐。因为有了干净桌椅，学习积极性也高了。结合相关评价措施，学生逐渐养成了细心观察、主动整理的好习惯。

活动建议

建议执教老师通过视频、图片、情境表演等，激发学生的学习兴趣。

第一板块，创设情境要提前培训，尽量用绘声绘色的语言，让学生感觉是一个真实场景，以免学生嬉笑闹。

第二板块中，执教老师要了解并及时组织小朋友交流擦的方法，可以引导学生感悟不同部位，所使用的擦拭方法也不同。

第三板块，举一反三，通过"问""想""学""辨"了解除了桌椅以外，还有很多东西需要我们保持干净整洁。可以让能干的学生做示范，引导其他小朋友逐步养成善于观察、愿意动手的习惯，增强主人翁意识。

第四板块，要了解同桌两人的情况并问询，如同桌两人有争议要及时干预引导。课后实践作业，可以给学生提供建议和思路。

本课设计参与者：陈荧

Chapter 5

第五章

校园我爱你

第一节　爱护学校，我们很棒

活动背景

学校是孩子们的第二个家，他们每天在这里学习，在这里生活，在这里成长，这里的一草一木都是孩子们的朋友。优美的校园需要大家努力去维护，美好的环境更离不开同学们的集体智慧。爱护校园环境是每个孩子应具有的基本美德，是一个人完美心灵的写照。爱护校园公物，遵守校园规则能显示出一个班级、一个学校的风尚。学生通过观察了解学校，知晓学校常规，爱护校园环境，遵守规则，阐述自己履行校园职责中最棒的一面，从而进一步明确要保护好我们的校园，形成人人爱校园、人人建设美好校园的良好氛围。

通过这样的主题实践活动，能让孩子从小树立主人翁意识，养成良好行为习惯。

活动目标

（1）学生在活动中深度体验，用实际行动爱护校园，激发爱护学校的意愿，习得爱的能力。

（2）让学生通过实际行动，领悟"爱"可以"说出来，做出来"，"爱别人＝爱自己，爱学校＝爱自己，爱公物＝爱自己"。

活动准备

学生准备：回顾前几天学习到的校园和班级的规则。

教师准备：对学生前四天的日常行为进行视频记录和剪辑，制作YOYO小视频《美丽的校园》，准备"爱的小天使"奖章、劳动工具等。

活动过程

第一板块：通过对话，激发爱的力量

1. 观看视频，交流喜好

师：小朋友们，今天是我们上小学第5天了，这几天，我们对学校的各个场地有了大致的了解，在之前的"校园大探险"活动中，我们每个小队拿着地图找到了指定的场所，你还记得它们吗？

生：记得。

师：谁来说说，你记得什么场所？有什么地方给你留下深刻的印象？

生：漂亮的图书馆，有很多很多书。我喜欢故事书。

生：大大的操场，旁边有树，有草。

生：电脑教室、音乐教室。

……

师：是的。现在，让我们跟着视频，一起再来看看我们的校园吧。

播放小视频《我们的校园》：美丽的大门，翠绿的竹林，平整的地面，富有文艺气息的大厅，干净的教学楼和办公楼，明亮的教室，整洁的长廊，干净的厕所，宽敞的艺术厅等。

师：刚刚同学们看了《我们的校园》这个视频。我们的校园非常漂亮，那么在学校这么多场所里，小朋友最喜欢哪些地方呢？找出最喜欢的场所，和你的同桌说说，你最喜欢哪个地方，为什么喜欢这个地方。

（生同桌交流，集体反馈。教师在交流基础上归纳：景观漂亮，建筑美观，装修好看，功能实用。）

2. 分析喜欢，导入主题

师：听了小朋友们的发言，老师发现，大家真的都很喜欢我们的学校，喜欢学校这些特别的场地呢！以后，如果遇到喜欢的地方，碰到喜欢的人，我们都可以这样大胆地和伙伴交流，把自己的想法说出来，好吗？

生：好！

师：那遇到喜欢的人，除了可以说出来，你会不会还想为他（她）做点事呢？比如，你爱妈妈，你会为妈妈做点什么事呢？

生：为妈妈做家务，为妈妈唱首歌，让妈妈休息，不惹妈妈生气……

师：妈妈看到你为她做的事，是不是会更加爱你呢？

生：是的。

师：所以有人说，爱别人，就等于爱自己。同意吗？

生：同意。

师：除了爱妈妈，你有没有喜欢的东西呢？比如玩具啦，心爱的物品啦！

生：喜欢玩具、书、衣物、宠物……

师：这些你喜欢的东西，你平时会如何对待呢？

生：保护好、爱护好，不随意去破坏它。

师：爱一个人，就愿意为他做些事；爱一样东西，就会保护它，不让它受伤，不让它弄脏，让它保持干净、完整。（板书：爱护）

师：我们每天要来学校上学，学校就像我们的第二个家。同意吗？

生：同意。

师：你喜欢我们这个家吗？

生：喜欢，我们也爱这个家。

师：那么你们这些有爱的小家伙们，愿意为学校、为老师做点事情吗？

生：愿意！

师：老师先谢谢你们啦！那到底可以做什么事呢？我们一起来讨论一下。

【设计意图】通过对前几天活动的回顾，以及对话导入，让学生回顾自己在家时的表现，懂得爱可以说出来，爱更可以做出来。有了爱的体验和理解，激发出爱的动力，爱的能量，再自然而然地迁移到爱护学校这个目标上来。

第二板块：通过讨论，启动爱的行为

1. 视频讨论：判断良好行为

师：我们先一起来看看图书室的一些情况吧。

播放小视频：图书室的某些角落，地上有纸屑、画架歪了、书本乱放、有同学在书本上乱涂乱画……

（学生大多表示：有点脏，有点乱。）

师：是的。我们最喜爱的图书室，如果脏、乱，我们"可以为它做点什么"？

生：把纸屑捡起来，扔进垃圾桶。

生：把歪了的画架扶正。

生：把同学们随意乱放的书本放到指定的书架上。

生：将破损的图书修补好。

……

师：（引导小结）打扫整理，美化环境，遵守规则，维护秩序，报告老师。（板书）原来我们有这么多的办法来爱护好我们的图书室，你们可真棒！

2. 场景模拟：要有正确行动

师：你们说得太好了，那现在就让我们行动吧！（手指班级）假如我们现在就在图书室，你们看看周围的情况，我们可以为它做点什么呢？

生：把纸屑扔进垃圾桶，不随意乱丢垃圾。（请该生现场去做）

生：把挂歪的画架摆正。（请该生现场去做）

生：把随意乱放的书本放到指定的书架上。（请该生现场去做）

……

师：好，那么接下去，我们分组行动，如果你们还发现"可以为图书室做的事情"，就和你们小组的同学一起行动吧！

3. **场景体验：一起参与行动**

组织学生分组，提供工具，按他们的设想去图书室行动（时间：8～10分钟）。

提醒：路上安静行走，不能奔跑。

学生行动，老师拍照、录像。

【设计意图】在这个环节中，引入图书室这一特定场所，展示图书室受到破坏后的场景，通过观察讨论对图书室的破坏行为，激发学生的爱惜之情，树立学生的规则意识，明确哪些行为是可以做的，哪些行为是不可以做的，加强爱护校园思想意识的渗透，最后将思想落实到行动，引导学生分组讨论、积极行动。

第三板块：通过反馈，认证爱的天使

1. 表扬认真做事的学生

（教师引导学生现场欣赏自己的劳动成果，回顾并表扬在实际行动中认真做事、动脑筋做事的学生。）

师：这些是老师发现的同学，你们有没有发现做事认真，会动脑筋的同学呢？

（学生汇报交流。）

2. 表扬帮助他人的学生

师：刚才我们一起做了爱护校园的事，有没有哪位同学在做事情的时候，还得到了别人的帮助呢？或者有谁做好了自己的事情，还去帮助了别的同学呢？

（学生讨论、交流。）

生：我在打扫卫生的过程中，找不到扫把，有同学帮我找到了。

生：我在调整画架的过程中，因为个子不够高，需要站在椅子上，我的同学主动过来帮助我扶椅子。

生：我们小组想到要写一些宣传口号，号召大家一起爱护图书室，我们几个人分工合作完成了标语制作。

……

3. 颁发"YOYO 爱的小天使"奖章

师：老师要给你们点赞，你们不仅会做事，也会做人，这就证明，你们不仅爱学校，也爱同学。还有一点，你们能够听取老师的指导，认真努力地去做事情，说明你们也爱老师。谢谢你们！为了表达学校对你们的感谢，也为了表达老师对你们的感谢，现在，老师要授予你们一枚奖章——"YOYO 爱的小天使"。

师：得到了这枚奖章，你们有没有什么想说的？有谁能够领悟到新的道理呢？

生：我懂得了要爱护校园环境，不乱扔垃圾，遇到别人不对的行为，要去制止。

生：我知道了我们要爱身边的人，当别人遇到困难要主动去帮助他。

……

师：（引导小结）爱别人＝爱自己，爱学校＝爱自己，爱公物＝爱自己。（板书）

（引领学生读一读。教师现场颁发奖章，学生挂奖章合影。）

【设计意图】通过对学校图书室这一特定场所的维护，把"爱可以说出来，爱可以做出来"这一思想的种子种到学生心里，同时在具体实践活动后进行交流总结，将活动的精髓进一步提炼，让学生在不知不觉中渐渐懂得"爱人＝爱己，爱校＝爱己，爱物＝爱己"。

第四板块：落实行动，收获爱的天使

师：小朋友们在以后的时间里，也要通过自己的努力不断获得"YOYO 爱的小天使"奖章哦！请翻开《我最棒！YOYO 入学践行册》第 26 页——"YOYO 爱的小天使"行动卡（见下页）页面，看一看，我们可以怎么做。希望小朋友们在今后能获得更多"YOYO 爱的小天使"奖章哦！

【设计意图】爱，不仅要说，更要用实际行动表达。对于低龄儿童来说，更需要指导他们行动起来，带着爱意去做实事，在行动中深度体验爱的真意。做真人，干实事，才符合古人对教育目标的高度概括——"童蒙养正"中的"正"。

"YOYO 爱的小天使"行动卡 *爱人=爱己，爱校=爱己，爱物=爱己*						
项目（具体行为）		获星情况（做到涂黑☆并请写上时间）				
爱人	主动关心、帮助同学。	☆	☆	☆	☆	☆
	见面微笑，主动热情。	☆	☆	☆	☆	☆
	我还能：_____	☆	☆	☆	☆	☆
爱物	打扫整理，美化环境。	☆	☆	☆	☆	☆
	不让它受伤、弄脏，保持干净、完整。	☆	☆	☆	☆	☆
	我还能：_____	☆	☆	☆	☆	☆
爱校	遵守规则，维护秩序。	☆	☆	☆	☆	☆
	遇到困难，报告老师。	☆	☆	☆	☆	☆
	我还能：_____	☆	☆	☆	☆	☆
注：获得 6 颗★，能换一颗"YOYO 爱的小天使"星，5 颗星可以换一个奖章哦！						

效果观察

本节课后，学生可以体验班级的小小安全员、小小植物管理员、小小图书管理员等岗位，时刻监督班级的课间文明、植物绿化、图书借阅等情况。另外，学生还可以体验学校的 YOYO 文明岗一职，不仅可以监督本班同学的行为规范，还可以提醒全校师生的行为规范。学校将学生所思所想落实到班级以及大队部的实际岗位之中，一方面激发学生监督的兴趣，另一方面可以保障学生的执行意愿。在职位体验的过程中，一年级的小朋友十分乐意地去承担这样一份职责，对于他们来说，这是一份责任，更是一份荣誉。学生在体验中觉知遵守学校规则的重要性，感悟遵章守纪的必要性，懂得了怎么争当文明自律的小学生。

活动建议

　　"爱护学校，我们很棒"这一主题的潜台词是"爱护公物"，以往的教学活动中，我们往往容易走向道德说教，学生虽然也能学会说怎样爱护公物，爱护学校，但是落实到行为上，还是会有明显的差距。只会说，不会做，就不是真爱。所以建议前期在"爱的教育"这一点上要做足、做深、做透。

　　（1）第一板块：引导学生回顾之前爱妈妈、爱家庭的具体行动，从学生的切身体验出发，引导他们爱妈妈、爱家庭，就可以为妈妈、为家庭做点事情，反过来自己得到的爱也会更多。有了这样的基础，再引导学生迁移到爱学校，为学校做点什么事，就更顺当、更真切一些。

　　（2）第二板块：有了想法之后，重要的是付诸实际行动。因为是一年级新生，所以实际行动不需要太复杂，简单地搞搞卫生，擦擦表面，捡捡垃圾，整理整理就可以了，但是要注意引导学生带着一份爱的情感去做事情。另外，引导学生懂得按规则使用场地器材就是爱护，看到不符合爱护校园的行为，能提醒的提醒，提醒无效就向老师报告，也是爱护。教育重点是引导学生做目前能做的事，让学生从行中得知，在知中行动。

　　（3）第三板块：从说到做，做后再说，后一个说，是认知的提升和强化。本环节仍然紧扣主题"爱护校园"的"爱"，说的是行为评价，此时的说，是在做的基础上、干过实事之后的说，是有深度体验之后的说。最后用奖章、合影的形式固定这粒"能说会做"的"爱的种子"。如此，真正化被动为主动。

本课设计参与者：胡轶倩　毛辉

第二节 你的优点，我来点赞

活动背景

学会欣赏是人的优秀品质之一。现实生活中，我们渴望被认可，并在互帮互助中成长为一个人格完善的人。欣赏他人，是对别人的鼓励，使他人的心灵获得安慰，也让自己的心灵得到充实。

对于刚踏入校园生活的一年级新生来说，他们必须学会与同龄人相处，共同面对校园生活带来的挑战。在这个过程中，他们需要学会欣赏他人的优点，悦纳同伴的缺点，这对小学生的人际关系以及身心健康发展具有重要作用。

活动目标

（1）让学生学会发现并欣赏他人的优点，学会恰当地赞美他人。

（2）通过现场体验的方式，让学生感受欣赏他人带来的快乐，并乐于表达自己的想法。

（3）让学生能在日常生活中学会自我欣赏。

活动准备

事先了解学生的优点；布置任务——观察伙伴的优点；准备动画、绘本、课件、卡片、奖励卡。

活动过程

第一板块：动画导入，学会欣赏他人

1. 欣赏他人第一步——细心观察

师：今天老师给大家带来了一部有趣的动画片《小鸟和小鸭》，同学们一边看，一边想：小鸟和小鸭各自有什么长处？

动画内容：小鸟和小鸭在河边玩，小鸭子跳入水中游泳，小鸟们划船追赶，遇到了河流里的漩涡，鸟妈妈飞来救了小鸟们。小鸭子夸小鸟长大以后能飞翔空中很厉害，小鸟称赞小鸭子能在水里游泳是自己做不到的。经历这件事，它们发现了各自的长处，成了好朋友。

生：我发现小鸟会飞翔，这是小鸭子做不到的。

生：我发现小鸭子会游泳，但是小鸟却不会。

师：你们都是会观察的小朋友。小鸟和小鸭子各有长处，而且它们互相欣赏，夸赞了对方。请小朋友们也学一学，说说你的同桌都有哪些优点和长处。

（学生小组讨论，个别发言。）

师：（引导小结）小朋友们很细心，能留意到他人的优点。欣赏他人，首先要在生活中细心地观察，这样你才能发现别人的优点和长处，比如说同学做事认真、乐于助人、聪明能干、擅长画画、球踢得好、跑得很快……再小的优点也值得我们竖起大拇指！

2. 欣赏他人第二步——大胆表达

师：老师想来采访你们，被小朋友夸赞的感觉怎么样？

生：特别开心！

师：是啊，那请同桌说说，夸别人的时候，你的心情又是怎么样的呢？

生：看着他开心的样子，我也很快乐。

师：能被人欣赏，我们是很开心的，与此同时，欣赏他人，也能感受

到幸福。小朋友们，想要获得这样的快乐，请你们大声地表达出来，欣赏他人，我们必须大胆说出口，不要只藏在心里。

3. 欣赏他人第三步——正确表达

师：接下来请小朋友们观看一段视频，视频的主角是两位小朋友，他们正要夸一夸自己的伙伴，请你们看一看，评一评：哪个小朋友夸得好？

播放小视频：小麦同学在操场上踢球，他快速奔跑进了一球，同学们都在欢呼。回到教室，苗苗对小麦说："你真是太厉害了，跑得比赛车还快，像一道闪电！你的球技肯定是全校第一，谁都比不上你啊！"这时，同班的小谷同学笑着说："小麦，你今天这一球踢得精彩，为了今天的比赛，你一定付出了很多努力，真佩服你！"

师：小朋友们评一评，你觉得视频里，哪位同学的夸赞比较好？

生：我觉得小谷夸得比较好。

师：说说你的理由。

生：苗苗说得不对，谁的球都不会比赛车快，这是不可能的，所以我更喜欢小谷说的话。

生：我也喜欢小谷的夸赞，苗苗怎么知道小麦是全校第一呢？可能有更厉害的小朋友。

师：你们说的对，人外有人，天外有天，苗苗会欣赏别人，但是他的夸奖并不恰当，有些夸张了。你能帮苗苗改一改吗？

生：小麦，你这一球踢得很精彩！

生：你的球技很厉害！我真欣赏你。

师：谢谢两位小朋友，看来我们还要掌握正确的夸奖方式，这样，别人才能够开心地接受。

师：接下来请小朋友们来当小评委，观察四位小朋友是如何夸赞别人的，如果夸得好，请你竖大拇指，夸得有问题，请你用手比一个"×"。

●1号小朋友：小明，你踢球确实挺厉害呢，可是我也会踢，而且不比你差。

（引导小结：虽然1号也说了别人的优点，但是拿自己和他比较时不太礼貌。）

●2号小朋友：小明，我真羡慕你会踢球。（声音很轻，头低着，没有看对方的眼睛）

（引导小结：夸赞别人的优点，就要大胆地说出来，2号声音太轻了。）

●3号小朋友：小明，你的球技肯定是全校第一了，你做什么事情都比别人强。

（引导小结：3号小朋友的夸赞太夸张了。）

●4号小朋友：小明，你球踢得真好，我要向你多学学！

（引导小结：4号夸得比较恰当，夸奖需要真诚。）

师：小朋友们很会观察，也懂得如何夸奖别人，是很棒的小评委。

【设计意图】利用有趣的动画视频导入，启迪一年级学生通过判断动画角色，初步学会欣赏他人。在分组进行实践的过程中，应用方法，加深印象，感受被欣赏的快乐，增加信心。夸赞分两种——虚假的夸和真诚的夸，在模拟的场景中学会恰当的夸赞方式。

第二板块：真实体验，练习正确夸奖

1.真实体验夸奖

（出示信息：H同学的优点是会游泳，唱歌好听，但跑步有点慢，画画不是很好。）

师：我们的课堂上来了三位小朋友，让我们听听他们说的话，然后说说你们最喜欢谁，想和谁做朋友。

A说：H同学跑得慢，画画也画不好，没有我聪明。

B说：H同学有许多优点，但我不想告诉她，我可不想让她太得意。

C说：H同学虽然不太会画画、跑步，但是会游泳，唱歌唱得好，我很欣赏她。

生：我最喜欢 C，因为 A 觉得别人不如他，B 不会欣赏别人，C 知道怎样正确地夸奖别人的优点，所以我想和 C 做朋友。

师：发现他人的优点，学会欣赏他人，还能使我们收获友谊，一个只会嘲笑别人的人是不会受欢迎的。

2. 抽签夸奖模拟

师：接下来，我们来玩游戏，名字叫作"你的优点，我来赞"。游戏规则是一位小朋友上台抽签，签上写着另一位小朋友的名字和他的优点，请抽签的小朋友夸一夸他。如果夸得好，请台下的小朋友为他鼓掌，老师还会奖励一张"夸赞小达人"的卡片。

生：我抽中了××同学，他喜欢帮助别人，是个热心的小朋友，我觉得他很棒。

师：你学会了夸赞别人，真棒！

生：我抽中了××同学，他会游泳，我还不会，我以后要向他学习，他真厉害！

师：你真会欣赏别人，在欣赏的同时还向优秀的小朋友学习，老师为你竖一个大拇指！

生：我抽中了××同学，他在家能帮妈妈做家务，我简直太佩服了，了不起！

师：这样的夸赞，就有些夸张了，请另一位小朋友来帮助他再夸一夸。

生：××同学是个很懂事能干的小朋友。

师：谢谢你帮助了他，这样的夸奖就比较合适了。

3. 互动夸奖练习

师：现在请你们打开桌子上的小信封，看看抽到了哪位小朋友。请你们想一想该如何夸赞他人，想好后可以离开位置，找到各自需要夸奖的同学，好好地赞一赞他的优点，被夸赞的同学如果觉得他夸得好，就请你给他竖一个大拇指。但是请小朋友们注意纪律，不要发出太响的声音互相干扰，完成后马上回到自己的位置。

（学生离开自己的位置，找到相应的伙伴，开始夸赞他人的优点。）

师：请获得大拇指的同学举手，老师很欣赏举手的小朋友，你们已经学会了正确地夸赞他人。

【设计意图】学生在讨论案例之后，明确了什么是正确的夸奖。在此基础上进行实践，通过游戏的方式，随机抽取同伴，夸一夸对方的优点，这也是同伴学习的一种方式。在实践操作的过程中，学生运用自己学到的方法，学会欣赏别人，恰当地夸奖对方。

第三板块：阅读绘本，学会欣赏自己

师：小朋友们，在一个清澈的池塘里，有一只青蛙名字叫弗洛格，你们想听听它的故事吗？

青蛙弗洛格美慕天上飞的小鸟、会做蛋糕的小猪、博学的野兔，觉得自己很没用，于是去学飞行、厨艺和看书，结果都没有成功，最后它看着水面上自己的倒影，发现一个只有自己才能做到的事情——一个很大的青蛙跳，决心以后不再自卑。

师：青蛙费洛格为什么觉得自己很没用呢？
生：因为它不会飞，不会做蛋糕。
师：弗洛格发现小鸟能飞，小猪会做蛋糕，野兔知识渊博，这说明它有一双会欣赏的眼睛，但唯独没有看到自己的亮点，所以它很自卑。好在弗洛格最终还是找到了能做的事情，发现了自己的优点。小朋友们能学弗洛格，找到自己的优点和长处吗？
（学生分组讨论发言，说说自己的优点有哪些。）
生：我会画美丽的小鸟，其他人画不出来。
生：我比别的小朋友认识更多昆虫。
师：当发现自己的优点时，你心里有什么感受？
生：我觉得自己很棒。
生：我很自豪。

师：我们可以找到自己的优点和长处，每个人都有不一样的地方，我们在欣赏别人的同时，也应该学会用欣赏的眼光看待自己，找到闪光点，这样我们才能变成阳光快乐的人。

【设计意图】通过青蛙弗洛格的故事，引导学生发现，不仅仅要欣赏他人，还要学会欣赏自己，发现自己的长处也很重要。在讨论过程中，启迪学生自我发现，学会自我欣赏，感受自我认同带来的快乐。

第四板块：畅谈感悟，反思自我行为

师：老师很高兴看到大家掌握了欣赏他人和欣赏自己的方法。现在请大家打开《我能行！YOYO 入学实践册》27 页——"我会欣赏"自我评价表页面，来做一个自我反馈，在欣赏他人和自己这两个方面，做得好的请把五角星涂黑，有欠缺的不用涂。

"我会欣赏"自我评价表	
内　容	做得好的涂黑
能发现他人的长处	☆
能大胆表达对他人的欣赏	☆
知道自己的优点	☆
能在他人面前自信地展现自我	☆

（师生随机进行访谈交流。）

师：（总结）这节课，小朋友们学会了欣赏他人的方法，一起分享了欣赏带来的快乐和美好，期待同学们能做一个会欣赏的有心人，互助共成长！

【设计意图】通过"我会欣赏"自我评价表，学生发现自己哪些地方做得好，哪些地方还需要改进，更全面地了解自己，学会用欣赏的眼光看待自己，看待他人，并在日常生活和学习中落实。

效果观察

一年级的孩子刚步入小学校园生活，他的思维方式是以自我为中心的，当发现自己和他人的不同时，容易出现心理波动。通过本课的学习，学生了解到每个人都有自己的优点，有不同的长处，这是一件正常的事情。欣赏他人，能给双方带来快乐，更重要的是，能帮助自己正确地认识自我。向他人学习，是双方共同进步的一个重要方式，能有效缓解消极情绪，更好地融入集体生活。

在《你的优点，我来点赞》这节课的学习中，小朋友们通过小游戏、微课学习等方式学会欣赏他人，并在游戏中体验了"夸奖他人"，初步养成良好的习惯，并将这种习惯延续到生活的点点滴滴中。

活动建议

这一节课的设计，有丰富的材料与活动，为了把"你的优点，我来点赞"的体验深化、落到实处，在活动中可以注意以下几个方面：

（1）第一板块组织了互相夸奖同伴的活动，一年级的孩子可能会出现大喊大叫、不听指令的现象，老师可以和孩子约定好，用一些小口令的方式让孩子迅速进入状态，如"123，静下来，小耳朵，仔细听"。

（2）第二板块重点在于学生对所学方法进行实践，需要离开位置寻找同伴，老师在课前需要让孩子互相认识，增加熟悉感，了解自己的同班同学。老师需指导同伴合作的方法，让孩子们更好地利用时间，提高课堂效率。

（3）第三板块重点在于让孩子意识到欣赏他人可以收获更多的友谊，成为一个受欢迎的人，老师可以提醒孩子在生活中进行实践，而不是仅仅局限在班级里。

本课设计参与者：施家舒

第三节　小自控师，我来争当

活动背景

自控，是人对外界诱惑及自身行为习惯的一种自主控制。有效、高效的自控，是身心发展成熟的一种表现。自控能力需要从小培养，不自控的学习状态和行为习惯将直接影响学生之后学习能力的发展。新生入学第一周的入学课程，应多角度、多途径、全方位地培养学生的学习习惯和自控能力，但由于他们还太小，心理成熟水平有限，经常难以有效控制自己的行为，时常会发生想自控却无法达到自控的情况。因此，及时、有效地引导新生认识不自控的危害，指导新生如何面对诱惑，找到自控方法，提高自控力，是非常必要的。

活动目标

（1）通过游戏、情景剧等有趣的活动，引导学生认识什么是自控力，明白人人都有自控力。

（2）借助生活情境及小视频等，让学生意识到不自控的危害，认识到学会自控的重要性。

（3）让学生学会自控方法，以解决生活、学习上的两难问题，制订自控小计划，落实到行动中。

活动准备

草莓、气球、泡泡机、新闻视频、情境视频、PPT 等。

活动过程

第一板块：认识自控力

师：每位小朋友的桌上都有一颗草莓，上课时，请你尝试控制自己不去吃。如果下课后草莓还在，并且你在这节班会课上能够自始至终表现良好（小组组员监督），你不仅可以获得"自控小达人"称号，还可另外得到一份小奖励！

1. 控制魔法术，导入课题

师：欢迎大家来到魔法小课堂，老师昨天刚学会了一种新魔法，能控制一个人的行为。想不想看我露一手？

（一学生跃跃欲试。）

师：请你挥挥手、跳一跳、扭扭屁股。（学生照做）

师：为什么我的指令他都能完成？我真的能控制他做这些动作吗？

（生纷纷表示不能。）

师：（引导小结）魔法控制术是骗人的！实际上控制他行为的，是他自己。

2. 泡泡游戏，感受自控力

师：生活中，有没有哪些行为是我们想控制又控制不了的呢？

（学生回答。）

师：接下来做一个游戏，请三个小朋友来配合。（拿出泡泡机）老师准备把泡泡吹向他们，请大家观察这三位小朋友的举动。

（当泡泡落在三个学生的头上时，他们不由自主地去抓。）

师：他们刚才做了什么？

师：（随机采访）刚才你看到泡泡，怎么会做出"抓"这个动作呢？

生：我忍不住地想去抓。

师：嗯！很多时候我们会不由自主地去做一件事。如果这次让你不去抓这些泡泡，你能做到吗？再试一次。

（第二次尝试，三个学生都控制住自己，让泡泡随意地落在自己的身上，而没有去抓。）

师：（随机采访）我看你刚才都痒得皱眉头了，当时心里是不是很想去抓泡泡？

生：是的，可我还是控制住了自己。

师：这个游戏说明什么？

（学生回答。）

师：（引导小结）很想做却能控制住自己不去做的能力，就叫作"自控力"，每一个人都有这种能力。今天我们就来聊聊这个话题。（板书：小自控师）

【设计意图】利用魔法控制术游戏，让学生明白只有自己能控制自己的行为。泡泡游戏则进一步告诉学生什么是自控力，而每个人都有自控力。两个简单易懂的游戏，揭开本节班会课的主题：自控力。课前不吃草莓可以获得奖励的设计，也为学生在整节课上的自控应用提供实践机会。

第二板块：不自控的危害

师：如果不能自控，会有哪些危害呢？

（学生交流，相应地进行关键词的板书。）

1. 不自控，影响身体健康

播放小视频1：小C看电视时，站在离电视不到一米的地方，电视看完了就马上开始玩手机游戏。晚上快12点了，小C还是兴致勃勃的，对妈妈的提醒，他爱理不理，我行我素。睡眠不足的小C不仅越来越瘦，经常生病，而且近视了。

师：不自控的小C遇到什么麻烦？

［学生讨论后，教师引导小结：影响健康。（板书）］
2. 不自控，导致成绩下降

播放小视频2：在上课的时候，小A的双手总是不由自主地伸向抽屉，拿拿橡皮，动动尺子，写写纸条，转转魔方。老师提醒小A坐端正，可当老师的目光一挪开，小A又开始做小动作了。做作业时，由于小A上课没有认真听讲，作业一塌糊涂。

师：不自控的小A又遭遇了什么？
［学生讨论后，教师引导小结：成绩下降。（板书）］
3. 不自控，伤害亲友感情

情景A：小M近视了，妈妈劝他不玩手机游戏。妈妈：你都近视300多度了，还玩游戏呢！小M：大家都戴眼镜，不要你管！（妈妈伤心不已）
情景B：朋友邀请小M踢足球，小M言语粗暴地拒绝了。朋友：小M，我们去踢球吧！小M：我正忙着呢！朋友：小M你已经持续玩了很久游戏了，不能再玩下去了，对眼睛不好，你得休息一会儿，和我出去踢球吧！小M：关你什么事儿呀！踢你的球去，别来烦我！（朋友愤怒离开）

师：如果你是情境中小M的妈妈和朋友，看到这样的小M，有什么感受呀？
［学生回答后，教师引导小结：伤害感情。（板书）］
4. 不自控，甚至走向犯罪

出示新闻：一位13岁的男孩小军因为沉迷网络暴力游戏，萌生了要在现实生活中模仿的想法，模仿游戏持刀入室抢劫，被抓拘留。

师：这样的现象不仅在成人的世界中发生，还发生在小孩身上，不自控的结局是什么？

［学生回答后，教师引导小结：不自控甚至会走向犯罪。（板书）］

【设计意图】借助情景剧、新闻，呈现了生活中的真实场景，引起学生的共鸣，直击学生内心，让学生意识到不自控不仅影响自身成绩和健康，还会因不当举止造成对他人和自己的伤害，甚至走向犯罪。

第三板块：掌握自控力

师：既然不自控的危害这么多，平时你们有什么自控的小妙招吗？

（学生小组讨论、交流，相应地进行关键词的板书。）

1. 远离诱惑

播放小视频：小 C 为了自控，做作业的时候，拔掉了电视机和闭路线的插头，并把手机藏到自己看不见的地方。

师：拔掉了插头，把手机拿开了，这是为什么？

生：离开诱惑我们的东西，不就可以帮助我们自控了吗？（师板书：远离诱惑）

2. 想想后果

出示小小推测：小 A 喜欢做作业的时候偷偷玩手机，但是他偷玩手机的频率越来越高，玩手机的时间越来越长，专心做作业的时间越来越少。按这样的情况继续下去，会发生什么？你认为小 A 应该怎么做？

师：通过推测，发现了什么？

生：不自控会学不到本领。这个过程中，会受到爸爸妈妈、老师的批评，还可能会被人嘲笑。想想这个痛苦的结果，就可以帮助我们自控啦！（师板书：想想后果）

3. 预见美好

设定小奖励：可以给自己设计奖励，如果实现自控，就给自己一份奖励。

生：我们可以在脑海里想想即将到手的奖励，预想美好的结果，激励我们自控。（师板书：预见美好）

4. 转移注意

出示四格漫画：小 M 想玩手机游戏的时候，就去邀请朋友一起参与运动，回来很累，就不想玩手机游戏了，直接睡觉。

师：小 M 的自控方法是什么呀？

生：为了自控，就去运动，当然也可以画画、看书，做另一件自己喜欢的事，从而转移注意力，这样既可以帮助我们提高自控力，又能够培养出更高雅的情趣。（师板书：转移注意）

师：看到小朋友这么能干，总结出这么多的自控小妙招，"自控魔法师"可开心了，听听他是怎么说的吧！

播放小视频：小朋友们好！我是自控魔法师，你们开动脑筋，齐心协力想出了这么多自控小妙招，真了不起！那么这些自控小妙招该怎么应用呢？当我们遇到难以自控的事情时，可以把诱惑从我们眼前移开，或者换一个舒适的环境，眼不见自然心静啦！也可以做另一件自己喜欢的事情来转移注意力，比如画画、跑步、读书等。冷静下来后，还可以想一想不自控会带来什么麻烦，自控能带来什么样的美好。自控应该是：先做自己应该做的事情，再做自己想做的事情，多做益于健康的事，少做危害自己的事。在生活中灵活应用自控小妙招，相信聪明的你一定会成为优秀的自控师！

师：（引导小结）自控是先做该做的事，再做喜欢的事，多做益于健康的事，少做伤害自己的事。

【设计意图】通过观看视频、情景剧、四格漫画和进行小推测，利用小组合作交流的方式，寻找出自控的好办法。本环节遵循一方法、一习得、一落实的学习过程，让学生动起来，边学边悟，体验自控，习得方法，使学生学得妙趣横生，学得扎实有效。

第四板块：运用自控力

1. 解决生活小两难

出示：

①闹钟响了，我再睡 10 分钟就起床。

②今天好累，不想做功课，就想看电视或者玩游戏。

③小红有一块很可爱的橡皮，你很想要。大课间小红正好出去了，教室里没有人。

④老师说的这道题我知道答案，好想插嘴。

⑤上课时，总想摆弄一下抽屉里刚买的各种样式的橡皮。

师：你能用上今天学到的自控小妙招解决上面的生活问题吗？

（学生小组交流、汇报。）

2. 制订自控小计划

师：想做一个真正的自控师需要长期坚持哦！请大家打开《我能行！YOYO 入学实践册》第 27 页——"自控我能行"页面，这里有一张自控计划单，根据每天发生的事情，灵活选择自控方法，实现自控后再打上钩，没有实现自控的要在旁边注明理由哦！

"自控我能行"小计划				
自控小妙招：①远离诱惑 ②转移注意 ③想想后果 ④预见美好				
情况描述	周　一	周　二	周　三	周　四	周　五
事　件					
方　法					
是否自控					
说明：做得到请在"是否自控"栏打"√"。做不到请说明理由。					

师：学习了四种自控小妙招，还要在实际生活中灵活运用这些小妙招，长期坚持你会变成一个真正的"小小自控师"哦！

3. 提炼自控小儿歌

师：为了更好地梳理这些自控的方法，小朋友们能否用自己的方法来编写一首自控小儿歌呢？

（学生编写，汇总后进行展示。）

自控儿歌

生活诱惑真是多，
学习老是不专注，
自控自控帮帮我！
想想后果惨兮兮，
预见美好乐开怀，
转移注意做实事，
远离诱惑我最行。
我是小小自控师！

师：期待小朋友们能够像儿歌里描述的一样，成为一名真正的"小小自控师"！

4. 奖励自控小达人

师：你们是"小小自控师"吗？谁的草莓还完整放在桌上呢？谁在这节课中能够自我控制做到表现良好？老师现在就再奖励一颗草莓、一枚"小小自控师"的贴纸哦！

（兑现奖励。）

【设计意图】解决生活常见的两难问题，灵活运用自控方法，让学生学有所用。通过设计长期计划表，引导学生长期坚持、学以致用。发动学生自编自控儿歌，朗朗上口便于内化，强化自控方法。最后兑现课前的自控小奖励，让学生感受到自控的收获，学会坚持，也实现这节课的前后呼应。

效果观察

能进行自我控制，对一个一年级学生来说，是非常难的事，但很多新生在家庭生活和幼儿园学习的过程中，已经养成了这个好习惯，只是他们不知道方法。因此，通过本节课的梳理，让他们进一步明确自控的方法，帮助更多的新生参与到争当"小小自控师"的行列中来。在之后的学习和生活中，小朋友也能充分运用这些方法，相互提醒，相互督促，取得了较好的效果。

活动建议

对一年级新生来说，这一节还是有一定难度的，游戏有难度，新闻有难度，情境有难度，梳理总结也有难度。因此，教师在实际活动操作的过程中，需要进行难度的降低，可以删减环节，也可以取消一些新闻呈现。

（1）第一板块，通过非常有趣的"自控力"调节的游戏，让新生明白每个人都会因为外部的因素而失去控制，每个人也可以依靠自己的意志来自我控制。游戏过程中，教师需要精心挑选参与游戏的人员，以免过于兴奋的孩子参与后，难以控制场面。

（2）第二板块，重点在于让学生意识到不自控的危害，这个板块的新闻、视频等对新生来说可能有一定难度，可以介入一些绘本故事或童话故事来代替。等他们长大了，到一定年龄，认识和能力都达到能识别新闻的水平，再介入也不迟。

（3）第三板块，学习如何自控的方法，可以上得细致些，把这些方法落地，让新生们去尝试，去学着做一做，以便他们能真正掌握。

（4）第四板块是落实环节。自控力的形成非一朝一夕之事，需要有一个长期观察、长期训练的过程，因此可以借助《我能行！YOYO 入学践行册》，达成同桌、前后桌小朋友之间的监督和评比，形成长效机制，让学生的自我控制力训练得到真正落实。

本课设计参与者：刘天琪

第四节 小运动会，我们都爱

活动背景

　　体育运动，能促进学生的身心健康，强健体魄，磨炼意志。体质健康，要从娃娃抓起。进入小学后，每日运动一小时将成为常态。小朋友进入小学后，在第一周进行一次集体性体育竞赛，是非常重要的，这是感受集体力量的开始，也是建立规则意识、懂得运动安全的开始。因此，设计一场轻松有趣的运动会，利用一些简单有趣的体育活动，帮助孩子们活跃身心，从中懂得运动规则，在运动中感受校园生活的快乐，同时还能培养一定的规则与竞争意识、团结合作精神，从而增进集体荣誉感。

活动目标

　　（1）通过参与不同的体育活动，让学生对体育活动有基本的认识，明白体育运动有利于身心的健康发展。

　　（2）通过参与多种体育竞赛活动，促进学生之间的沟通与交往，感受集体的力量，也能够感受成功带来的喜悦。

　　（3）通过参与多种游戏及活动，让学生能初步遵守活动规则，建立初步的体育运动规则意识和集体荣誉感。

活动准备

学生准备：运动服、运动鞋。

教师准备：足球若干只，收集运动会相关的知识、图片，准备课件材料、奖状（最强战队奖、最佳团结奖、最佳配合奖、最具规则奖）。

活动过程

第一板块：游戏导入，懂得规则与合作——合作运送足球宝贝

师：今天老师要带领大家参加一场有趣的运动会，大家想不想玩？

生：想！

师：现在通过一个游戏来考查一下大家能不能获得学校一年级运动会的入场券，这个游戏和以前玩过的小游戏不一样，需要两个小朋友一起完成才能获得成功。

1. 介绍游戏规则

出示游戏规则：

（1）同桌两人为一组，从教室后面出发，合作把一个足球运送到教室前面讲台的位置。

（2）运送的途中不能用手去碰足球，若足球落地，则需要在落地的地方重新摆放，然后继续运送。

2. 讨论尝试方法

师：现在老师帮助小朋友列举几种方法。方法一是两个人背对背把球夹紧进行运送；方法二是两个人面对面把球夹在中间进行运送；方法三是两人并排用腰部夹紧足球。大家有一分钟的时间与同桌一起讨论，也可以原地试一试，最后你们要选出一种你们觉得最合适的方法进行运送。

（同桌互相讨论并尝试。）

师：讨论时间结束了，老师看到已经有好多小组都已经决定好了运送方式，那有没有哪个小组想来试一试呢？

（学生积极举手想要尝试。）

3. 分组展示游戏

（先选择 2 ～ 3 组进行游戏展示，然后按照班级的大组安排，每一大组分别进行游戏体验。游戏完成情况：部分小组能够一次成功，中途没有掉球；也有部分小组中途失败后继续完成游戏。）

师：为什么有的小组能够一次成功，而有的小组却在中途没有保护好足球宝贝呢？

生：（讨论发言）两个人用身体（前胸或者后背）夹得很紧，手挽手，中间没有乱动，一起往前走，侧着一起走更安全；相反，两个人中如果一个人走错方向，或者步子不一致，或者松手了，球就容易掉；还有小组犯规了，在运送的途中用手碰了足球。

师：（引导小结）想要更好地完成游戏，首先要做到遵守游戏规则（途中不用手），然后两个人互相配合，合作完成。

【设计意图】用一个简单的小游戏考查团队合作，让每一位学生亲自体验，参与到游戏中来，体会到互相沟通、协作配合的重要性，也懂得游戏要遵守规则，建立初步的规则意识。同时小游戏还能激发孩子们的运动兴趣，也为接下来的运动会做赛前热身。

第二板块：欣赏运动，感受规则与合作

师：通过刚刚这个小游戏，同学们都已经知道了要想更好地完成游戏，就要做到遵守规则和懂得合作这两点，那我们在接下来的全年级运动会中，要怎么做到这两点呢？老师先带大家看一看别人的运动会是怎么进行的。

（出示奥运会接力比赛照片，播放学生迎面接力赛及毛毛虫接力赛视频。）

师：在这几个活动中同学们觉得哪几个队伍表现得更好呢？请举手回答。

（学生回答。）

师：这几个队伍都有什么共同点呢？请分小组进行讨论。

（学生分组进行讨论。）

师：请小组派代表汇报讨论结果。

师：（引导小结）在比赛中能够做到遵守规则和团队合作的队伍，有着以下几个共同点：（1）队伍整齐、安静有序；（2）面对面交接棒的速度快，没有碰撞；（3）完成的总用时少；（4）队伍成员互相加油鼓励。

【设计意图】通过欣赏其他人的比赛，让学生能够更加直观地感受到规则与合作的重要性，感受它们对团队成功的作用，同时再次提升学生的运动兴趣，感受运动的快乐。

第三板块：趣味运动，体验规则与合作

1. 介绍比赛规则

师：欣赏完了他们的运动会，接下来要进行的就是我们年级的运动会啦——"小运动会，我们都爱！"老师已经从大家的脸上看到了期待与激动，那现在老师就来介绍一下我们的两个比赛项目——迎面接力赛和毛毛虫比赛。

迎面接力赛比赛规则：

每班各派人数相同的男女生，接力距离为 30 米。听到哨声同时从起点出发，跑至班级对面与第一位同学击掌后站到队伍最后面，被击到掌后，才能出发，依次进行完成接力，直至最后一个同学接力完毕。用时最短的班级获胜。（每班最后一名出发的同学统一在右大臂处扎上红色丝带）

毛毛虫比赛比赛规则：

每班各派人数相同的男女生，竞赛距离为 6 米，听到哨声后同时从起点出发，后面学生双手握住前面学生的衣服下摆，蹲着向前行进（鸭子步），中间不间断走向终点，最先到达终点者获胜。（比赛前排头学生处在起点线后，排尾学生通过终点线时算作完成比赛）

师：小朋友听明白了吗？迎面接力赛是一个个跑，还是大家一起跑呀？
生：一个一个跑。
师：对的！那怎么样才能出发呢？
生：前面同学跑过来击掌了之后才能跑！

师：答对了！大家都听得非常仔细呢！除了这一点，大家还要记住，一定不能超过起点线哦，踩线是违反比赛规则的。那毛毛虫比赛怎样是犯规呢？

生：断开了。

生：没有蹲下来走。

生：尾巴没有达到起点线。

师：说得真好，这三点都是属于犯规的，等会儿同学们在比赛过程中不要忘记哦！犯规的班级是会被取消比赛成绩的哦！

2. 迎面接力比赛

师：现在就跟着老师一起去运动场吧！

（1）准备：教室门口集合整队，男女生各一路纵队，两路纵队进入运动场。

成两路纵队集合：

♂代表男生，♀代表女生

（2）到达比赛场地：在标志线后各一路纵队站好，了解比赛路线。

各班按左右各一路纵队站立：

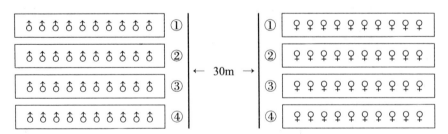

（3）尝试练习（迎面接力赛）：组织学生进行练习，正副班主任分别在两边的队伍巡视学生是否遵守规则，指导学生站位，引导学生互相鼓励支持。

（4）正式比赛（迎面接力赛）。师生共同给自己的班级加油助威。

师：比赛开始了！我们一起给运动员加油！现在四个队伍速度非常接近，除了跑得快，我们还要看看哪个队伍更遵守规则哦！现在每个班级都已经到了最后一个同学，大家加油，冲向终点！第一个到达终点的是101班，然后依次是102班、103班、104班！

3. 毛毛虫比赛

（1）各班重新整队，准备第二个比赛。整队口令：全体立正，向右看齐，向前看！

（2）尝试练习（毛毛虫比赛）：组织学生进行练习，教师巡视学生是否遵守规则，指导学生站位，引导学生互相鼓励支持。

各班按一路纵队站立：

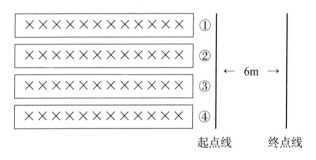

（3）正式比赛（毛毛虫比赛）。

师：毛毛虫比赛就要开始了，预备——开始！四条毛毛虫整齐地出发了，我们一起帮他们喊口令吧！一二！一二！一二！×班的队伍又整齐速度又快，率先冲过了终点，其他班也陆续到达了终点，让我们恭喜所有完成的队伍！

【设计意图】通过趣味运动会的两个比赛，激发学生参与体育运动的兴趣，大大促进学生之间的沟通与交往，使他们感受到集体的力量，也感受到成功带来的喜悦。同时让学生深刻体会到体育游戏的规则性和竞争性。

第四板块：领取奖励，享受成功与喜悦

教师进行评价奖励，分别评选出最强战队奖、最佳团结奖、最佳配合

奖、最具规则奖（每个班级都有奖励）。

师：小朋友们，我们的小运动会已经圆满结束。接下来将要进行的是最激动人心的、小朋友最期待的时刻——颁奖仪式！

（运动会颁奖音乐响起，举行颁奖仪式。）

师：今天的运动会到现在已经圆满结束！我看到，每一位小朋友都非常喜欢运动，都有很强的集体荣誉感，非常棒！今后，我们有很多机会参加这样的活动，我们学校每个月都会举办这样的比赛，希望大家每天坚持锻炼，到时候积极报名，展现出最好的状态，为自己加油！为班级争光！

师：请小朋友翻开《我好棒！YOYO入学践行册》第28页——"小小运动会，我有奖励"粘贴页，可以把我们获得的奖励贴纸粘贴在这儿哦！

【设计意图】颁奖的环节是必不可少的，也是最重要的一个环节。让每一个班级都获奖，让学生在第一次集体活动中就被肯定，提升学生的自我荣誉感和集体荣誉感，从而激发学生运动的兴趣，积极主动参与各项集体活动。

效果观察

虽然是一次简单的运动会，却包含了运动会的所有流程。通过比赛促进学生之间的沟通与交往，使学生感受到集体的力量，也感受到成功带来的喜悦。

通过参加这次活动，学生对体育活动有了基本的认识，能初步遵守活动规则，建立了初步的规则意识，培养了集体荣誉感。学生认识到经常参加体育运动有利于身心的健康发展，提升了参与体育运动的兴趣。期待学生们在日常活动中能够积极主动地参与体育锻炼。

活动建议

这一节课的设计目标是学习游戏规则，体验运动乐趣，主要项目是合作运送足球宝贝、迎面接力赛、毛毛虫接力赛。为了让学生更好地了解、参与体育活动，在教学中可以注意以下几个方面：

第一板块，游戏导入，设计了互相运球的小游戏，让学生初步建立游戏规则和合作意识，并且在参与游戏中，体会到互相沟通、配合协作的重要性，同时激发孩子们的运动兴趣，为下面的板块做准备。教师可以根据学校现有的器材或者班级条件进行游戏设置，也可借鉴其他有趣的游戏。

第二板块，欣赏运动，感受规则与合作。通过欣赏其他人的比赛，让学生更加直观地感受到规则与合作的重要性。教师可以通过多媒体，带领学生观看一些奥运会接力比赛、学校的运动会比赛或游戏视频。在视频播放过程中，教师给以适当的解说，可以让学生更直观地感受比赛的规则性、竞争性、合作性。

第三板块，考虑到一年级小朋友还没充分了解运动安全，不懂得保护自己，直接去操场进行运动会较混乱，可以考虑以班级活动为主，或班级先进行简短的练习后再举办班级之间的运动会。规则意识的培养，主要不是靠说，而是靠行为训练。体育运动、班级主题活动最能促进规则意识和行为的养成。

第四板块，颁奖环节，这一环节虽然简单，却是最不能忽略的，通过颁奖仪式把整个运动会推向高潮。在设计奖项名单时尽可能每个班级都要涉及。学校除了准备奖状之外，还可以准备一些小奖品适当进行奖励。

本课设计参与者：陈雯倩　刘晓翠

第五节　演练展示，快乐结业

活动背景

　　经过一周的入学课程学习，孩子们初步熟悉了小学学习和生活。在这一周中，他们学习了文明就餐、规范路队、文明休息、上课发言、文明如厕、学会整理、参与管理等校园生活的各个方面。对于孩子而言，学习形式新颖有趣，学习内容丰富充实。在实践过程中，学校结合《我好棒！YOYO 入学践行册》，利用自己、同伴、老师、家长的评价，促进了孩子们行为习惯的进一步养成。虽然时间只有短短一周，内容却包含了作为一名小学生所要养成的各种习惯，学生在今后的学习生活中是否能继续保持，并真正内化为自己的行为习惯呢？这需要有一个承前继后、复习巩固、激励表扬的过程，所以本节课要对整周的学习活动进行回顾总结，让孩子通过练一练、演一演的方式强化行为习惯，快乐地结业，奠基美好的未来！

活动目标

　　（1）观看视频，说一说安静就餐、课间文明休息、上课发言等规则，回顾五天的学习收获。

　　（2）通过颁发结业证书、拍摄集体合影增强荣誉感和集体自豪感，为即将开启的小学生活奠定基础。

　　（3）在演一演、练一练的过程中重温规则，让学生养成良好的行为习惯，并能一以贯之地践行。

活动准备

收集五天的学习图片，制作视频，填写好结业证等。

活动过程

第一板块：交流收获，重温规则

1. 齐分享，谈一谈

师：小朋友们，这个星期的学习即将结束了，你有哪些收获，谁愿意来分享？

（学生交流分享，老师跟进激励性评价。）

2. 看视频，判一判

师：看样子，这一周大家学到了很多。今天是入学课程的最后一天，我们要利用学习到的本领来进行三次大闯关，顺利通过这三次闯关的小朋友就能获得证书一张哦。（展示证书图片）你们有信心吗？

生：有！

师：看来大家信心十足，让我们去看一看视频中的小朋友是怎么做的，看完后请用手势告诉大家这么做是对还是错。

（视频内容取材于班级小朋友或学校学生的不恰当行为表现，包含三个错误例子。错误示例一：上课时一位同学没有举手大声说话。）

（学生出示手势，判断正误。）

师：小朋友们都判断对了，谁来说一说你发现了什么？

生：我发现有一位同学发言的时候没有举手就随意大声说话了。

师：这样发言有什么不好的地方吗？

生：这样就会影响其他同学正常发言，老师和同学也都听不清楚发言的内容了。

师：你说的非常有道理，那谁有更好的建议？

生：发言时应该先举手，老师叫到你了，轻轻推开椅子，起立发言。

师：你说得真棒，发言完之后又该怎么做呢？

生：轻轻拉回椅子，轻轻坐下。

师：老师注意到大家在发言前后都说到要轻轻推开或者拉回椅子，这是一个非常好的习惯，希望大家都能做到。

（错误示例二：一位同学直接进入校门，没有和老师、礼仪队员打招呼。）

（学生出示手势，判断正误。）

师：你发现了什么？

生：我发现这位同学进校门没有敬礼。

师：如果是你，你会怎么做呢？

生：我会向老师鞠躬问好。

师：谁愿意来演一演？

（错误示例三：同学们课间打闹，走廊上声音嘈杂。）

（学生出示手势，判断正误。）

师：还记得我们应该怎么控制音量吗？

生：可以根据5级声音来控制音量。

师：是啊，那课间玩游戏应该保持几级音量呢？

生：2级。

师：看来你都记到心里去了，下次看到有同学没有遵守5级音量的规则，可要记得提醒他哦！

【设计意图】这一周学生习得了大大小小十几条规则，通过分享交流，学生能够在大脑中梳理学习收获，加深印象。通过对错误行为的判断，让学生在实际情境中运用所学知识。在重温规则的同时，说一说遵守规则背后的原因，激发内心深处的认同感。

第二板块：演练考察，展示精彩

1. 小小演练场，展示收获

师：同学们可真厉害，第一轮全部闯关成功，要不要继续挑战第二关？

生：要。

师：（播放军队号角声）第二关，请同学们来到小小演练场，现在老师就是军官，你们是小士兵，请全体小士兵听口令。

（1）全体起立，请坐。（起立坐下时轻拉轻放椅子。）

（2）门口排队。（人离桌面清，轻轻推椅子，排队时静齐快。）

（3）请同学们去二楼报告厅门口集合。（上楼梯靠右走，保持1级声音，不推挤。）

（4）回教室。（下楼梯靠右走，保持1级声音，排队进教室时静齐快，回座位时轻拉轻放椅子，坐姿端正。）

（5）请每位同学把图书角借来的书有序归还。（不推挤，不打闹，按顺序把书放在指定位置。）

（6）请5号小朋友听口令，如果在上课期间，你想上厕所那该怎么办？

生：应该举手表示，经老师同意以后，轻轻离开座位去上厕所，不打扰其他同学。

师：你的做法非常正确，真是一名合格的小学生。

（也可以出示更多口令，考查学生的学习情况。）

师：看来第二关也难不倒大家，恭喜所有同学，第二关闯关成功！相信我们班的小朋友一定都会很努力地把学到的本领用到之后的学习生活中。如果你们一直用，一直练，这些本领就会越来越强大，你们也会越来越优秀。

【设计意图】行为规范不仅要落在口头，更要内化到学生的习惯中，成为一种下意识的行动选择。因此，行为规范的学习不能只靠谈一谈、说一说，更要引导学生在身体力行中不断践行。通过小小演练场，学生在闯关的过程中既展现了这几天的学习成果，也树立了自信心，为后续学习打下良好基础。

2. 小型表演秀，展现风采

师：大家猜一猜，今天的最后一关是什么？

（学生回答。）

师：之前老师已经把任务提前布置给大家了，每个小朋友准备一个才艺。大家都准备好了吗？相信小朋友们都拿出了自己的看家本领，老师已经迫不及待了，快开始我们精彩的表演秀吧！接下来，隆重请出第一位表演嘉宾。（要求人人参与，可以是一个人展示，也可以是组团表演等方式。表演形式和内容不限，可以是唱歌、跳舞、乐器表演等，只要是学生擅长并且愿意主动展示的即可。师生共同欣赏表演秀。）

3. 小小视频秀，回顾成长

师：感谢大家带来的精彩表演。通过刚刚的表演秀，老师发现今天的你们，和第一天来到这里的时候已经完全不一样了呢！快来瞧瞧这一个星期你们都有哪些变化！

（播放回顾视频，视频内容取材于这一周学生校园生活的点点滴滴。）

师：看完视频，老师想采访一下大家，刚来到班级时，你心里都在想些什么呢？

（指定学生回答。）

师：现在呢，是什么让你愉快地适应小学生活？

（指定学生回答。）

师：看来同学们都积攒了很多经验，也有很多话想说，快和你的同桌聊一聊吧，把你的经验分享给他。

【设计意图】通过小型表演秀，让每一位学生展示自己的特长，分享自己的快乐，帮助学生在班级同学、老师面前建立自信心。通过谈话让学生回望原先的担心，让他发现其实通过自己的努力，一切困难都是可以战胜的，自己是最棒的。

第三板块：展示积累，表彰优胜

师：通过这个星期的学习，以及刚刚大家闯关时的表现，老师要郑重地宣布，你们都已经顺利地、出色地完成入学课程啦！快来给自己鼓鼓掌吧！

（学生鼓掌。）

师：接下来，老师要为认真努力的你们颁发结业证书，证明你们已经成为优秀的小学生啦！

［正副班主任给每一个学生颁发证书，同时注意学生拿奖状的礼节（双

手接过，表示感谢），全班发完后，带领学生认读证书内容：_____ 小朋友，经过你的努力，一共获得了_____ 个入学奖章，恭喜你顺利结业了！在接下来的学习生活中还要继续保持哦。]

【设计意图】颁发结业证书是最具有仪式感的一个环节，通过层层闯关，最后从老师手中双手接过证书再宣读的形式，让学生在心中不断告诉自己：我现在是一名优秀的小学生了，必须以一名优秀小学生的行为规范来约束自己。

第四板块：展望未来，我们能行

1. 展望未来，继续践行

师：接下来，请每位同学想一想，成为小学生后，你要怎样做呢？比如，在学习上你打算怎么做？或者接下来打算怎么纠正这几天当中做得不够好的地方？

（学生安静自己思考。）

师：谁愿意来和我们分享？

（指定学生回答。）

师：相信每位同学都认真思考了，在接下去的日子里，我们会继续执行《我好棒！YOYO 入学践行册》的内容，老师也期望每位同学不管遇到什么事情，都要有毅力、有勇气、有智慧，相信自己能很好地执行下去，克服一切困难。

2. 集体合影，我爱我班

师：为了记住这美好的一刻，我们一起来拍个全家福吧。（预先设计好造型）

（在排队拍照的过程中温习排队、5 级声音等涉及的常规。）

【设计意图】良好的行为规范学习是孩子们小学生活的美好开端，但是行为规范的学习不是一朝一夕的事，引导学生展望未来，是为了让学生能够在未来遇到困难时，想起今天学习的点滴，同时期望孩子能够明确自己的目标，朝着目标而努力。集体合影留念是为了让学生心中初步形成班集体的概念，培养热爱班级的荣誉感。

效果观察

入学课程结束了，行为规范的学习却将延续到学生的整个人生，对于学生成人识礼、待人接物都有非常重要的影响，作为一年级老师，必须帮助学生系好这第一颗纽扣。这一节课，起到了承上启下的过渡作用，他们不再懵懵懂懂，而是一个有计划、有目标、有执行力的小学生了，这为学生展开新一阶段的学习做好了准备。通过回顾这一阶段的收获，展示自己的所知所得，孩子们看到了自己的成长，也在有爱的班级环境中，初步建立起了自豪感，在充满仪式感的结业中，开启信心展望未来。

活动建议

这一课的内容丰富、形式多样，为了让每个孩子充分展示自己，回顾收获，活动中应当注意以下几个方面：

（1）第一板块中，让学生谈自己的收获时要充分激发学生分享的意愿，鼓励学生畅所欲言，为后续讨论奠定基础。观看视频后要通过追问的方式让学生明晰行为规范背后的意义。视频的收集要非常注意对象，尽量避免给孩子们造成困扰的镜头。

（2）第二板块包含两次闯关。先是学生听老师口令行动，可能会出现有的学生没有按指令行动或者没有遵守行为规范的情况，老师应及时提醒，闯关的目的是保证活动的趣味性，而不是难倒学生。而才艺表演秀需要提前和家长联系，请家长协助孩子认真准备，保证让每一个小朋友都参与，也要在平时多鼓励内向的孩子展示自己，或者邀请他和其他同学组队完成。

（3）第四板块展望未来，因为一年级小朋友还不会书写，所以只能让学生通过想一想的方式来展望未来。建议请家长们帮助孩子记录下想法，可以做成小卡片展示在教室内，期末时带领学生回顾总结，更具意义。班级合影的队形需要提前预设排练，在室外或室内找个背景有意义的地方，用单反相机拍。

本课设计参与者：王若雪　郑李军

第六节　梦想起航，拥抱未来

● 活动背景

梦想，是孩子心中的阳光。因为有梦想，孩子们小小的心里才那么明亮。梦想，是孩子飞翔的翅膀。因为有梦想，明亮的眼里才充满希望。梦想是藏在人们内心深处最强烈的渴望，是一种挥之不去的感觉和潜意识，也是人们走向成功的原动力。每个孩子都有自己的梦想，或许是当一名宇航员遨游天际，或许是当一名英雄拯救全人类，又或许是当一名医生救死扶伤……每一个梦想都值得被尊重。

入学的第一周是孩子们小学生活遇到的第一个成长关键期，是建立对学习、对人生的整体兴趣和感知，塑造面对困难时良好品格的关键期。畅想未来仪式，与开学仪式对接呼应，为孩子的入学课程勾画了一个完美的句号，同时又为孩子开启了一个新的起点。用梦想为孩子点亮一盏灯，使其拥有行动的目标和动力，在实现梦想的道路上完善自我，体验到追求的快乐，为自己的未来打上成长底色。

● 活动目标

（1）通过畅想未来的活动，引导学生学会不断地为自己勾勒梦想，为实现目标而努力。

（2）引发学生对梦想的热爱，激发从小立志，为梦想而努力的情感。

（3）引导学生在活动中学会将梦想分解成小目标，细化到日常生活和学习中去，并能为之付出努力。

活动准备

绘本，情景剧排练、相关图片、视频及课件等。

活动过程

第一板块："梦想号"进场，展示成长目标

1. "梦想"开场白

主持人甲：说到梦想，我有说不完的话，我从小就梦想着自己能当一名宇航员遨游天际，那肯定帅呆了。你有梦想吗？

主持人乙：那可不，我啊，一直梦想着自己长大了能当播音员呢！你瞧，这是什么？

主持人甲：啊，附小"梦想号"火车票，哈哈，我也有！你瞧，附小"梦想号"列车（入学典礼使用的动车模型）正向我们驶来呢！我们赶紧上车吧。

2. "梦想号"进场

伴随轻快的音乐声，"梦想号"列车到达现场，列车上有校园吉祥物YOYO，大队委（高年级学生）化身列车员，手持风车（学校校标"四叶风车"）。

ABCD 四人分别蓝、红、绿、黄色着装，以情景剧的形式介绍附小YOYO 多彩梦想。标识内容及含义如下页图所示。

情景剧表演：

ABCD：（齐）追梦路上，你我相伴。亲爱的同学们，大家好！欢迎来附小"梦想号"。我们是你们追梦路上最贴心的朋友。接下来，就由我们来为大家介绍附小"梦想号"。

校 标	内 容	多彩梦想	寓 意	
	小 鸟	蓝 色 自律梦	管理好自己，成为自己的 小主人，就会像小鸟一样 翱翔于蓝天。	校园的多彩 梦，构成了一 个会转动的神 奇风车，它把 所有的快乐、 幸福、健康转 过来，把所有 的烦恼、痛 苦、转没了， 附小六年，你 能真正地拥有 神奇风车吗？
	孩 子	红 色 好学梦	做一个会学、善学、乐学 的附小学子，让学习陪伴 一生。	
	绿 叶	绿 色 友善梦	绿叶因土壤滋养而旺盛， 要互相信任、友善，感恩 如同细雨般滋润绿叶的师 长和朋友。	
	太 阳	黄 色 担当梦	要做一个勇敢、为自己行 为负责任的阳光少年。	

A·自律：让我们一起走进"蓝色自律梦"这节车厢，"自律"是四叶风车中的飞鸟。管理好自己，成为自己的小主人，才能像小鸟一样自由快乐地飞翔。这个学期我要做到自律，坚持每天练字，争做"小小王羲之"。

B·好学：同学们肯定迫不及待要走进"红色好学梦"这节车厢了吧！"好学"是四叶风车中爱学习的小孩。做一个会学、善学、乐学的附小学子，让学习陪伴一生。这个学期我要学习一项新技能，那就是垃圾分类。同学们，你们知道哪些属于可回收垃圾，哪些属于有害垃圾吗？

C·友善：请同学们跟随我一起走进"绿色友善梦"这节车厢，"友善"是四叶风车中的绿叶。绿叶要想长得茂密，离不开阳光、雨露、土壤的帮助。在我们的成长道路上，师长、朋友的陪伴就如同这些营养滋润着我们的心田。在即将来临的教师节，我要制作最美的贺卡送给老师。老师，您辛苦啦！

D·担当：大家都等急了吧，接下来，请和我一起走进附小"梦想号"的最后一节车厢"黄色担当梦"。你们瞧，"担当"就是其中的一缕阳光，我们要做一个勇敢为自己的行为负责任的阳光少年。

主持人乙：让我们一起搭载梦想列车，转动梦想风车，开启美好的未来。快！"梦想号"列车要开啦！

ABCD：（齐）来啦来啦！亲爱的同学们，我们"梦想号"上见哦！

3. 搭乘"梦想号"

（两位主持人和 A、B、C、D 四位学生一同搭乘"梦想号"列车。）

主持人乙：拥抱未来，点燃激情，让我们一起搭载"梦想号"去寻找神奇风车。

【设计意图】由情景剧的方式导入，让学生了解本校校标的寓意，以及学校对学生寄予的美好期待。通过这样的方式，增强学生对学校的认同感，使学生更亲近学校，也激起了他们挑战的欲望，通过在附小六年的学习生活，赢得这个有魔力的七彩风车。

第二板块：登上"梦想号"，畅谈成长梦想

1. 介绍"梦想号"客人

（"梦想号"列车到达现场，列车长分别介绍列车上已经搭载的乘客。）

（1）童书里的梦想乘客。

主持人甲：哇，我们的"梦想号"列车简直太炫酷了——蓝色自律梦、红色好学梦、绿色友善梦、黄色担当梦，绘出了我们七彩的童年。有梦想的人，幸福就会悄悄降临，"梦想号"欢迎每一个拥有梦想的人。

主持人乙：你瞧，"梦想号"已经迎来了第一批乘客呢！他们是谁呢！请看！

主持人甲：他们是"爱看书的孩子"安格斯和露西，是拥有梦想的"花婆婆"艾莉丝，她的第一个梦想是去很远的地方旅行，第二个梦想是住在海边，第三个梦想是做一件让世界变得更美丽的事。

主持人乙：他们是梦想着想要开飞机的大土豆，是梦想着跳芭蕾的贝琳达，然而她有一个致命的缺陷，那就是她的两只脚很大，在别人劝她放弃时，她坚持了下去，她只为快乐而跳舞，最终赢得了大家的认可。

主持人甲：他们是梦想着能像其他小朋友一样上学的小魔怪，是梦想着自己漂漂亮亮，却长着满脸雀斑，被人嘲笑取了个绰号的"小草莓"，最后"小草莓"渐渐学会了欣赏自己与他人的不同之处，更加乐观自信地生活着。

主持人乙：我们的列车上还有许许多多拥有梦想的小朋友等着你们呢！只要你始终坚持自己的梦想，一定会有很多人联合起来一起帮助你实现愿望。

主持人甲：在座的亲爱的同学们，你们有梦想吗？谁愿意上台和大家一起分享你们的梦想呢？

（2）拥有"研学梦"的乘客。

视频展示：暑期外出研学班的高年级学生介绍自己成长中的点滴。

（3）拥有"环保梦"的乘客。

视频展示：暑期假日小队分享自己参与垃圾分类环保行动的故事。

（4）拥有"雏鹰梦"的乘客。

视频展示：暑期雏鹰金奖获得者谈感受。

2. 邀请"梦想号"客人上车

检票员（主持人）：你的梦想是什么？

（邀请一批新生分享自己的梦想，无论梦想是什么，都应给予肯定、鼓励、尊重。）

甲：哇！同学们的梦想真是丰富多彩呢！那还等什么，让我们一起牵手，乘坐"梦想号"列车驶向梦想的殿堂。

【设计意图】这一板块，主要分享绘本里那些为了梦想而不断努力的人物。学生很容易被带入到相应的情境中，激发他们追逐梦想的勇气。接着，哥哥姐姐们谈自己的梦想，新一届的学生代表谈梦想，让学生感受到梦想从来都不遥远，就在身边。

第三板块：开启"梦想号"，奠基未来梦想

1. "梦想号"掌印启动仪式

（LED 大屏出示梦想视频及掌印开启梦想的画面。邀请四个学生代表和校长一起将手掌放在 LED 的掌印处。）

主持人乙：梦想列车马上就要出发了，同学们，你们准备好了吗？接下来，掌声有请叶校长和大家一起开启梦想之旅。请台上的同学向前走到大屏这里，请所有的小朋友像他们一样伸出你们的手掌，让我们一起倒数，5，

4，3，2，1！

主持人甲：附小"梦想号"起航啦！新学期、新梦想、新征程！祝同学们梦想成真。

2. 校园梦，中国梦

主持人甲：梦想起航那一刻，脸上绽放的微笑，要让世界看到。请听合唱队为我们带来的《梦想起航》。

（合唱队演唱《梦想起航》。舞台上的学生手持风车或者国旗作为背景，台下学生跟唱。）

3. 赠送"梦想礼"

主持人乙：亲爱的小弟弟小妹妹们，我们列车长（校长）为大家准备了很多梦想礼物，想不想要呀？

生：想。

（以班级为单位，赠送关于梦想的绘本和关于梦想的电影票——在班级里看，或者到YOYO影院看。电影推荐：《哆基朴的天空》《三个和尚》《海底总动员》《小熊猫学木匠》《小孩不笨》《小鞋子》《草房子》《跳出我天地》《想飞的钢琴少年》。）

4. 共呼梦想口号

主持人乙：谢谢列车长，同学们，你们喜欢列车长送的礼物吗？梦想的列车，渐渐驶出站台，怀揣着梦想的我们搭乘"梦想号"列车，开始了崭新的梦想之旅，我们将一步一个脚印，缓缓驶向梦想。让我们一起喊出梦想口号——中国梦，附小梦，争做附小YOYO好少年！

生：（齐）中国梦，附小梦，争做附小YOYO好少年！

主持人甲：新学期，让我们时刻用梦想鞭策自己，用汗水浇灌梦想。相信终有一天我们会到达各自的目的地。

主持人甲乙：附小梦，中国梦，最后让我们在《我和我的祖国》的歌声中，结束今天的典礼。亲爱的同学们，我们"梦想号"上见！

【设计意图】庄重的仪式会给孩子们留下深刻的印象，要注重氛围的渲染，通过画面、声音以及特定的动作，让"梦想号"启动更具仪式感，这一刻将永久烙印在学生的心里，开启孩子们的梦想。

效果观察

　　畅想未来仪式，把入学一周的结业典礼推向了高潮，给予了孩子们梦想生长的力量，大家积极参与其中，现场非常热烈。丰富而又简洁的仪式，渗透了学校的育人理念，展示了优秀学员的风采，开启了孩子们心中的梦想，培养了孩子们对学校的认同感与自豪感。满满的欢乐和趣味，给孩子们留下了深刻的印象。从每一个孩子们喜笑颜开的脸上，我们读到了快乐和自豪。

活动建议

　　为了使活动更贴近学生实际，又具有浓浓的仪式感，在活动策划中可以注意以下几个方面：

　　（1）第一板块，了解"梦想号"，尽量采用学生乐于接受的形式，比如本文策划的情景剧，把学校文化元素渗透到情景剧中，做到润物细无声，使得学生与学校的梦想紧密联结在一起。

　　（2）第二板块，邀请"梦想号"乘客。形式比较丰富，既汲取了绘本故事里主人公追逐梦想的能量，又接收了来自哥哥姐姐们梦想路上的倾囊相赠，最后向榜样看齐，谈谈自己的梦想。这个环节要紧凑，不能拖拉。

　　（3）第三板块，开启附小"梦想号"，这一环节的氛围的烘托极其重要，因此要精心设计每一个细节，包括声音、画面、语言、规定性动作。这一刻，学生将会铭记于心。

本课设计参与者：吴俊丽